KLETT

ALTSPRACHLICHE TEXTE

# Titus Livius

## *Ab urbe condita libri*

*Die Anfänge der römischen Republik*

bearbeitet von Horst Meusel
mit einem Beitrag von
Christof Bodamer

**Teil 1: Textauswahl mit Wort- und Sacherläuterungen**



Ernst Klett Schulbuchverlag
Stuttgart Düsseldorf Berlin Leipzig

**Titus Livius: Ab urbe condita libri**

ausgewählt und bearbeitet von Horst Meusel
mit einem Beitrag von Christof Bodamer (II 1–6)

**Gesamtausgabe:** Textauswahl mit Wort- und Sacherläuterungen einschließlich Arbeitskommentar mit Zweittexten — Klettbuch 6381
**Textteil:** Textauswahl mit Wort- und Sacherläuterungen — Klettbuch 63811

Das **Umschlagbild** zeigt einen Ausschnitt aus einem etruskischen Sarkophagrelief des 5. Jh. v. Chr.: Das Relief stellt einen langen Zug bewaffneter Männer dar, in dem auch beladene Maultiere und Gefangene mitgeführt werden. Der Ausschnitt zeigt das Ende des Zuges. Ein Krieger winkt (hier nicht abgebildete) Hirten, die Rinder und Ziegen vor sich hertreiben, heran. Ein stilisierter Baum dient als Hinweis darauf, daß der Zug durch eine waldige Landschaft führt. Das Sarkophagrelief stellt offenbar die Rückkehr von einem siegreichen Feldzug dar; die Viehherden sind reiche Beute, die die Krieger nun mit nach Hause nehmen. (Perugia, Archäologisches Museum)

Gedruckt auf Papier aus chlorfrei gebleichtem Zellstoff, säurefrei.

1. Auflage 1 7 6 5 4 3 | 1998 97 96 95 94

Alle Drucke dieser Auflage können im Unterricht nebeneinander verwendet werden, sie sind untereinander unverändert. Die letzte Zahl bezeichnet das Jahr dieses Druckes.


Umschlag: nach einem Entwurf von Neil McBeath, Stuttgart
Satz: Gneiting GmbH Filmsatz + Druck, Tübingen
ISBN 3-12-638110-3 (ohne Arbeitskommentar)
3-12-638100-6 (Gesamtausgabe mit Arbeitskommentar)

# Inhalt



Arbeitskommentar und Zweittexte: Beiheft – Klettbuch 63812 (nur als Bestandteil der Bestellnr. 6381 lieferbar)

*Die* **Abbildungen auf S. 8** *zeigen drei der sehr wenigen aus der Zeit um 500 v. Chr. in Italien erhaltenen Kunstwerke. Die Figuren der Leto und des Apollon können uns eine gewisse Vorstellung von dem der Überlieferung nach am 13. September 509 geweihten, reich mit Statuen geschmückten Jupitertempel auf dem Kapitol in Rom geben; sie stammen vermutlich aus derselben Werkstatt aus Veii, die auch für den Jupitertempel gearbeitet hat. – Bei der nur wenige Jahrzehnte später entstandenen Wölfin wurden die im 15. Jhdt. hinzugefügten Zwillinge Romulus und Remus fortgelassen: Ob die Zwillinge ursprünglich vorgesehen waren oder ob die Wölfin als dem Mars heiliges Tier neben einer Statue des Kriegsgottes allein zu denken ist, muß offen bleiben.*

Die Textgestaltung folgt mit wenigen Abweichungen der kommentierten Ausgabe von Weißenborn-Müller, 10. Aufl., Berlin (Weidmann), Nachdruck 1962. Verglichen wurden die kritische Ausgabe von Conway und Walters (Oxford 1964) und die Textauswahl der 1. Dekade von E. Burck (Heidelberger Texte, 5. Aufl., 1967). Die Interpunktion folgt den Regeln des Deutschen; satzwertige Konstruktionen sind als Satzglieder nicht durch Komma getrennt.

# Zur Einführung

## Der Autor und sein Werk

Titus Livius aus Padua (59 v.Chr. – 17 n.Chr.) gehört wie Cornelius Nepos, Valerius Catullus (Verona) und Publius Vergilius (Mantua) zu den großen Vertretern der Weltliteratur des ersten vorchristlichen Jahrhunderts, die Norditalien hervorgebracht hat.

In seiner Heimatstadt *Patavium* erhielt er die vorwiegend rhetorische Ausbildung der gebildeten Schicht seiner Zeit, kam dann nach Rom und widmete sich nach dem Ende des Bürgerkrieges für die restlichen 50 Jahre seines langen Lebens der Geschichtsschreibung Roms.

Die politischen Erfahrungen seiner Jugend waren geprägt durch die langjährigen Kämpfe der wechselnden Bürgerkriegsparteien, die Vernichtung der jeweiligen politischen Gegner (Proskriptionen) und die Enteignungen italischer Bauern, deren Land von den jeweiligen Machthabern an ihre Veteranen verteilt wurde. Im Gegensatz zu seinen literarischen Vorgängern aus den senatorischen Familien hat Livius an der Politik keinen aktiven Anteil genommen.

Mit Augustus war er bekannt, ohne deshalb sein Parteigänger zu sein. Da Grundzüge im Werk des Livius sich mit gesellschaftspolitischen Maßnahmen des Augustus berührten, begleitete der literarisch interessierte Princeps die Arbeit mit Wohlwollen.

Als Autor suchte Livius seine Aufgabe darin, die Geschichte Roms, zumal der Römischen Republik, zusammenfassend zu überliefern und seiner Gegenwart als Lehrstück vor Augen zu halten. Dabei handelt es sich im Unterschied zur modernen Geschichtschreibung um eine Geschichtserzählung in anspruchsvoller Kunstprosa, die das Überlieferte in beziehungsreicher Komposition zu allgemeiner Bedeutsamkeit erhebt, das Lehrreiche und Übertragbare an den Handlungen und Ereignissen sichtbar macht.

Dieser Grundzug ist eine der Voraussetzungen dafür, daß das Werk des Livius nicht nur alle seine Vorgänger verdrängt hat, sondern auch in Literatur, Politik, Recht, Kunst, Geschichte und Unterricht durch verschiedene Epochen seiner Wiederbelebung fortgewirkt hat bis in unser Jahrhundert.

Die wichtigsten literarischen Quellen des Livius für die Darstellung der älteren Geschichte in den ersten Büchern sind die sog. *jüngeren Annalisten* aus der ersten Hälfte des Jahrhunderts *(Claudius Quadrigarius, Valerius Antias, Licinius Macer)*; daneben hat er die älteren Darstellungen des *Quintus Fabius Pictor* in griechischer Sprache sowie die *Origines* des *Marcus Porcius Cato Censorius* (beide aus der 1. Hälfte des 2. Jh. v.Chr.) herangezogen. Für die Darstellung der Punischen Kriege stand ihm die *Universalgeschichte* des Griechen *Polybios* aus dem 2. Jh. zur Verfügung.

Einen aufschlußreichen Einblick in die Verwendungsweise seiner Vorlagen ermöglicht der Textvergleich von Livius VII 9/10 *(Titus Manlius Torquatus im Kampf mit dem Gallier)* mit einem bei *Gellius* überlieferten Ausschnitt aus *Q. Claudius Quadrigarius* am Ende unserer Textauswahl.

Das Werk *Ab urbe condita libri* umfaßt die Römische Geschichte von den Anfängen (Landung des Aeneas in Latium) bis zum Jahre 9.v.Chr. und ist möglicherweise unvollendet geblieben. Von den 142 Büchern, deren Inhalt uns durch spätere Zusammenfassungen (Periochai) bekannt ist, sind erhalten:

| | |
|---|---|
| *1. Dekade* (Buch 1–10): | Königszeit und frühe Republik bis 293 v.Chr. |
| *3. Dekade* (Buch 21–30): | 2. Punischer Krieg (Hannibal); |
| *4. Dekade* (Buch 31–40) und 1. Hälfte der *5. Dekade* (Buch 41–45): | Folgezeit bis zum Sieg über Makedonien 167 v.Chr. |

Obwohl die annalistische Darstellungsweise den Stoff nach Jahren gliedert, ist das Geschehen im großen wie im kleinen – zuweilen sogar unter Vernachlässigung einer genauen Chronologie – nach dramaturgischen Gesichtspunkten organisiert und in seinen Teilen vielfältig aufeinander bezogen.

## Gesichtspunkte zur Auswahl der Texte und zur Kombination von Unterrichtseinheiten

Die vorliegende Auswahl geht von folgenden Überlegungen aus:

1. Angesichts der reduzierten Stundenzahlen in den Klassenstufen 10–13 (3–5 Wochenstunden) erscheint es erforderlich, die Auswahl des Textes auf wenige zentrale Abschnitte zu konzentrieren, um innerhalb von 3–4 Monaten die wesentlichen Lernbereiche (Sprache und Darstellungsweise des Autors, Merkmale römischer Geschichtsschreibung, Verfahren der Texterschließung und Interpretation) gezielt erarbeiten zu können.
2. Die Auswahl soll eine thematische Orientierung der Unterrichtsreihe ermöglichen, ohne deshalb die Struktur der Darstellung als Voraussetzung eines angemessenen Verstehens zu zerstören.
3. Eine Schulausgabe sollte die Möglichkeit der Wahl von Textabschnitten sowie fakultative Vergleichstexte vorsehen, um der jeweiligen Unterrichtssituation (Unterrichtszusammenhang, Themenwahl, besondere Interessen, mehr kursorische oder statarische Lektüre, zeitlicher Rahmen) Rechnung tragen zu können.
4. Neben dem thematischen und strukturellen Zusammenhang einer Textauswahl ist der Aufbau von Lernschritten zu berücksichtigen (Einführung, Einübung und zunehmend selbständige Anwendung von Gesichtspunkten und Verfahrensweisen der Texterarbeitung), um grundlegende Lernziele gewichten und die Erfolgskontrolle absichern zu können.

Diese Auswahlkriterien haben dazu geführt, vier Abschnitte von jeweils 6–8 Kapiteln aus dem zweiten Buch des Livius vorzulegen. Diese finden einerseits ihre innere Einheit in herausragenden Einzelpersönlichkeiten bzw. Vertretern von Gruppen und deren Interessen; andererseits stehen sie unter dem übergreifenden Thema der *libertas,* der Gefährdung des jungen Staates von außen, seiner Verteidigung und seiner inneren Spannung – Ausdruck eines ständisch gegliederten Gemeinwesens und seiner sozialen Gegensätze:

*1. Abschnitt:* II 1–6
Die *libertas* und der Preis, der für sie gezahlt werden muß (Brutus, seine Amtskollegen, die adlige Jugend und die Tarquinier)
*2. Abschnitt:* II 9–13, 15
Die *libertas* und die Grundkräfte, die sie zur Geltung bringt (Porsenna und seine drei Gegenspieler Horatius Cocles, Mucius Scaevola, Cloelia; fakultativ: M. Manlius Capitolinus, T. Manlius Torquatus)
*3. Abschnitt:* II 23–24, 27–33
Die *libertas* als Aufgabe, soziale und politische Spannungen durch Ausgleich der Interessen zu bewältigen (Ausbruch des Ständekampfes, *veteranus – secessio plebis* – Menenius Agrippa – Volkstribunat)
*4. Abschnitt:* II 33–40
Die *libertas* und ihre Bedrohung durch den einzelnen (Coriolan)

Jeder dieser Abschnitte erlaubt es aufgrund seiner Geschlossenheit, sich auf ein Minimalprogramm nach Wahl zu beschränken. Andererseits ist die verbindende Thematik geeignet, anhand von zwei verschiedenen Textabschnitten den außen- und innenpolitischen Gesichtspunkt (bald auf Personen, bald auf Probleme bezogen, mit willkommenem Wechsel zwischen statarischer und kursorischer Lektüre) ausführlicher zu verfolgen. Dabei empfehlen sich folgende Möglichkeiten, zwei der vier Abschnitte zu einer Unterrichtsseinheit zu kombinieren:

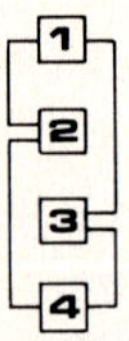


1 + 2: *libertas* – ihre Bedingungen, ihre Opfer und ihre Vorkämpfer

1 + 3: *libertas* – das Ringen um ihre Sicherung und Verwirklichung im Innern

3 + 4: *libertas* – ihre sozialen Spannungen und die Rolle einzelner Persönlichkeiten

2 + 4: *libertas* – der einzelne und die politische Gemeinschaft (Leistung und Gefährdung)

Am Ende jeder Auswahl sollte die Lektüre der *Praefatio* stehen, um die erarbeiteten Merkmale dieser Geschichtsschreibung an den erklärten Zielen des Autors zu überprüfen und zu erörtern.

## Zu sprachlichen Eigenheiten des Livius

1. Bei verba composita ist die Assimilation häufig nicht durchgeführt, z. B. *adsuesse = assuesse, conloqui = colloqui, adsumpti = assumpti.*
2. Im Perfekt-Stamm fällt *-v-* zwischen Vokalen gelegentlich aus; die benachbarten Vokale verschmelzen, z. B. *adsuesse = assuevisse, regnasse = regnavisse, nosse = novisse.*
3. Der Ausgang der 3. Pers. Plur. Perf. Akt. erscheint öfter in verkürzter Form auf *-ēre*, z. B. *oppressēre = oppressērunt, fudēre = fudērunt, processēre = processerunt.*
4. Häufig fehlt die Kopula *(esse)* in finiter oder infiniter Form z. B.
   II 2,3 *initium a Prisco factum* (sc. *esse*).
   II 2,7 *regnum hinc abiturum* (sc. *esse*).
   II 4,2 *nobiles adulescentes conscii adsumpti* (sc. *sunt*)
5. Ebenso wird gelegentlich anstelle eines verbum finitum der infinitivus historicus verwendet, z. B.

II 3,6 *interim legati alia moliri; ... consilia struere;*
II 10,4 *itaque monere, praedicere, ut pontem ... interrumpant.*

6. Einige Wortverschmelzungen der späteren Sprachentwicklung werden in altertümlicher Weise getrennt geschrieben, z. B. *in primis = inprimis, in vicem = invicem, quando quidem = quandoquidem.*
7. Ebenfalls in archaisierender Absicht finden sich gelegentlich ältere Lautformen, z. B. *volgo = vulgo.*

## Zu den Worterläuterungen

Vorausgesetzt werden die Wörter des Grundwortschatzes (GWS) sowie die sogen. ‚kleinen Wörter' (Klettbuch 60421), soweit sie nicht in einer speziellen, durch den Kontext bedingten Bedeutung auftreten. Die Wörter des Aufbauwortschatzes (AWS) sind durch Sternchen (*) zum Lernen herausgehoben; bei der Grundbedeutung von Komposita, deren Simplicia dem GWS angehören, wurde häufig auf eine Angabe verzichtet. Wo die Kontextbedeutung abweicht, ist die Grundbedeutung meist in erster Position angegeben.
Verweise auf stammverwandte Wörter des GWS dienen der Wiederholung, fördern assoziatives Lernen und können im Unterricht ergänzt werden. Die den Lernwortschatz überschreitenden Angaben enthalten überwiegend Kontextbedeutungen. Sie können z. T. anhand von Schwerpunkten der einzelnen Kapital gesammelt und zu Feldern geordnet werden (vgl. die Anregungen zur Wortschatzarbeit im Arbeitskommentar). Innerhalb der vier Hauptabschnitte der Auswahl werden identische Angaben jeweils einmal zur Verstärkung wiederholt, sofern sie nicht in unmittelbarer Nachbarschaft stehen.

Bei den syntaktischen Hilfen (Sb) schien Zurückhaltung aus folgenden Gründen geboten: Das Erkennen satzwertiger Strukturen (Infinitiv- und Partizipialkonstruktionen, -nd-Formen) sowie der häufigen Arten von Nebensätzen mit den entsprechenden Übersetzungstechniken ist in dieser Phase der Lektüre entweder vorauszusetzen oder als Aufgabe zu üben; insofern wären fortlaufende Angaben dem Lernen hinderlich. Andererseits sind gelegentliche komplexe Perioden als Präparationsaufgabe in der Regel zu schwierig; sie werden besser anhand von Satzbildern im Unterricht erarbeitet bzw. zur Repetition aufgegeben. Angebote von Arbeitsaufträgen zur Erschließung der schwierigen Sätze finden sich jeweils im Arbeitskommentar.
Für seltene sprachliche Erscheinungen und ausgefallene Wendungen werden anstelle umfangreicher Erläuterungen lat. Entsprechungen bzw. dt. Versionen angeboten, um ein erstes Textverständnis zu ermöglichen; eindringendes Verstehen bleibt dem Unterricht vorbehalten.
Personennamen werden nur erläutert, wenn Sprachformen, Sinnverständnis oder Zusammenhang es erfordern. Ebenso sind antiquarische Angaben und Probleme der Spezialforschung ausgespart; sie können nach Bedarf vom Lehrer aus den wiss. Kommentaren in den Unterricht eingebracht bzw. als Aufgaben verteilt werden.

Leto mit Apollon auf dem Arm. Bemalte Tonstatue.
Rom, Museo di Villa Giulia. Ende des 6. Jhs. v. Chr.

Der Apollon von Veji. Bemalte Tonstatue.
Rom, Museo di Villa Giulia. Ende des 6. Jhs. v. Chr.

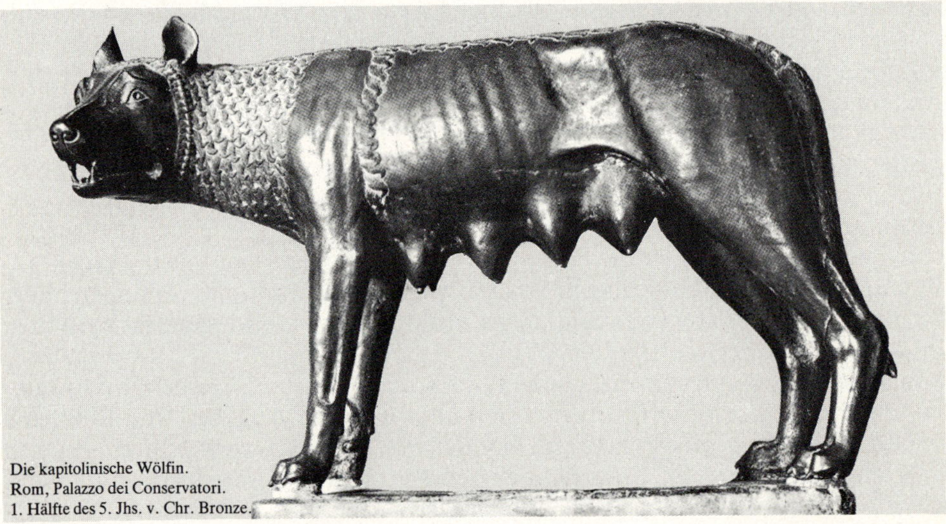

Die kapitolinische Wölfin.
Rom, Palazzo dei Conservatori.
1. Hälfte des 5. Jhs. v. Chr. Bronze.

# T. Livi ab urbe condita libri

## Praefatio

Facturusne operae pretium sim, si a primordio urbis res populi Ro- 1
mani perscripserim, nec satis scio nec, si sciam, dicere ausim, quippe 2
qui cum veterem tum volgatam esse rem videam, dum novi semper
scriptores aut in rebus certius aliquid allaturos se aut scribendi arte
rudem vetustatem superaturos credunt. utcumque erit, iuvabit tamen 3
rerum gestarum memoriae principis terrarum populi pro virili parte et
ipsum consuluisse; et si in tanta scriptorum turba mea fama in obscuro
sit, nobilitate ac magnitudine eorum me, qui nomini officient meo, con-
soler.
Res est praeterea et immensi operis, ut quae supra septingentesimum 4
annum repetatur et quae ab exiguis profecta initiis eo creverit, ut iam
magnitudine laboret sua, et legentium plerisque haud dubito, quin pri-
mae origines proximaque originibus minus praebitura voluptatis sint
festinantibus ad haec nova, quibus iam pridem praevalentis populi
vires se ipsae conficiunt; ego contra hoc quoque laboris praemium 5
petam, ut me a conspectu malorum, quae nostra tot per annos vidit
aetas, tantisper certe, dum prisca illa tota mente repeto, avertam omnis
expers curae, quae scribentis animum etsi non flectere a vero, sollici-
tum tamen efficere posset.
Quae ante conditam condendamve urbem poeticis magis decora fabulis 6
quam incorruptis rerum gestarum monumentis traduntur, ea nec adfir-

---

1 **factūrusne sim:** *von* nec satis scio *abh. Fragesatz* · **operae pretium facere:** für die *(aufgewandte)* Mühe einen Gegenwert schaffen, den Lohn der mühsamen Arbeit ernten · **prīmōrdium:** Urbeginn, erste Anfänge · **rēs** (*sc.* gestās) ***perscrībere:** Geschichte *(bis zum Ende)* schreiben · **ausim** = ausus sim: *zeitstufenloser Potentialis*

2 **quippe quī:** *caus. Relativsatz* zumal da · **cum ... tum:** einerseits ... und erst recht · **vulgāre:** verbreiten (*vgl.* vulgus) · **dum** + *ind.:* indem · ***scrīptor** *sc.* rerum: Geschichtsschreiber · ***rudis *vetustās:** kunstlose Altertümlichkeit *(der Darstellung)*

3 **utcumque:** wie auch immer · **iuvat:** es macht Freude · **prō virīlī parte:** 'nach besten Kräften' · **memoriae** *(dat.)* **cōnsulere:** zur Überlieferung beitragen, die Erinnerung wachhalten · **tanta turba:** eine so große Zahl · **officere:** entgegenwirken, beeinträchtigen · ***cōnsōlārī:** trösten

4 **rēs immēnsī operis est:** der Gegenstand erfordert eine gewaltige Arbeit · **ut quae:** *vgl.* quippe quae, *caus. Relativsatz* · **repetī:** zurückreichen · ***exiguus:** gering, unbedeutend · ***prōficīscī** a + *abl.:* von etwas ausgehen · **labōrāre** + *abl.:* an etwas leiden · **legentium ... (Sb):** haud dubitō, quīn prīmae ōriginēs ... minus voluptātis praebitūra sint plērīsque legentium festinantibus ... · **haud** = nōn · **festīnāre:** eilen · **nova** ≈ novae rēs: jüngste Geschichte · **iam prīdem:** schon längst · **praevalēre:** übermächtig sein · **sē cōnficere:** sich verzehren

5 **praemium:** *praed.* · **tantisper:** so lange · ***prīsca illa repetere:** 'die ehrwürdige Frühgeschichte sich vergegenwärtigen' · ***expers** + *gen:* ohne Anteil an etwas, frei von etwas · **sollicitum efficere:** beunruhigen, befangen machen (*vgl.* sollicitāre)

6 **ante conditam condendamve urbem:** 'vor der tatsächlichen bzw. geplanten Gründung Roms' · **poēticus:** dichterisch · ***decōrus:** + *dat.* passend für etwas / + *abl.* ausgeschmückt mit etwas · **(Sb):** quae ... magis decora quam ... traduntur, ea ... · **incorruptus:** unverfälscht (*vgl.* corrumpere) · ***affīrmāre:** bekräftigen, versichern

7 mare nec refellere in animo est. datur haec venia antiquitati, ut mis-
cendo humana divinis primordia urbium augustiora faciat; et si cui po-
pulo licere oportet consecrare origines suas et ad deos referre auctores,
ea belli gloria est populo Romano, ut, cum suum conditorisque sui pa-
rentem Martem potissimum ferat, tam et hoc gentes humanae pati-
antur aequo animo, quam imperium patiuntur.
8 Sed haec et his similia, utcumque animadversa aut existimata erunt,
9 haud in magno equidem ponam discrimine. ad illa mihi pro se quisque
acriter intendat animum, quae vita, qui mores fuerint, per quos viros
quibusque artibus domi militiaeque et partum et auctum imperium sit;
labente deinde paulatim disciplina velut desidentes primo mores sequa-
tur animo, deinde ut magis magisque lapsi sint, tum ire coeperint prae-
cipites, donec ad haec tempora, quibus nec vitia nostra nec remedia
10 pati possumus, perventum est. hoc illud est praecipue in cognitione
rerum salubre ac frugiferum, omnis te exempli documenta in inlustri
posita monumento intueri: inde tibi tuaeque rei publicae, quod imitere,
capias, inde foedum inceptu, foedum exitu, quod vites.
11 Ceterum aut me amor negotii suscepti fallit, aut nulla unquam res pu-
blica nec maior nec sanctior nec bonis exemplis ditior fuit nec, in quam
civitatem tam serae avaritia luxuriaque immigraverint, nec, ubi tantus
ac tam diu paupertati ac parsimoniae honos fuerit: adeo, quanto rerum

---

**refellere:** zurückweisen, widerlegen · **in animō est:** *sc.* mihī

7 ***venia:** Erlaubnis, Nachsicht · ***antīquitās:** Altertum · **prīmōrdium:** Urbeginn, Anfang · **augustus:** geweiht, erhaben, ehrwürdig · **oportet licēre:** es darf erlaubt sein · ***cōnsecrāre** ≈ augustiōrēs facere (*vgl.* sacer) · **referre ad:** zurückführen auf · **cum:** wenn; *der Konjunktiv* ferat *ist eine Angleichung an den umrahmenden Konsekutivsatz (Modusassimilation)* · **conditor:** *vgl.* condere; **conditōrisque:** *sc.* Rōmulī · **parentem** = patrem · **potissimum:** *(adv.)* gerade · **ferre:** vor sich hertragen, verkünden · **tam:** *gehört zu* aequo animo, quam

8 **utcumque:** wie auch immer · **animadvertere:** betrachten · ***equidem:** ich meinerseits, allerdings · **in discrīmine pōnere aliquid:** einer Sache Bedeutung beimessen

9 **vīta:** Lebensweise · **artēs:** Mittel, Eigenschaften · ***domī mīlitiaeque:** zu Hause und im Krieg · **lābente ... disciplīnā:** *abl. abs.* · **sequātur animō:** '*(der Leser)* soll mit Aufmerksamkeit verfolgen'; *es folgt ein dreifaches Objekt: a)* dēsīdentēs mōrēs *b)* ut ... lāpsī sint (*sc.* mores) *c)* (ut) coeperint praecipitēs īre · **velut:** gleichsam · **dēsīdere:** verfallen · ***lābī:** gleiten, ins Wanken geraten · **praecipitēs īre** = *praecipitāre: stürzen, zusammenbrechen · **dōnec:** *(conj.) (solange)* bis · ***remedium:** Arznei, Heilmittel

10 **(Sb): hoc** *ist Platzhalter für die Subjektsposition, die durch den folgenden a.c.i.* tē ... intuērī *ausgefüllt wird;* illud *(gesperrt) zu* salūbre ac frūgiferum *zu beziehen* · ***praecipuus:** vornehmlich (*vgl.* praecipere) · ***cōgnitiō** (rērum *sc.* gestārum): Bekanntschaft, Betrachtung, Erkenntnis (der Geschichte) · ***salūber,** -bris, -bre: gesund, heilsam (*vgl.* salūs) · **frūgifer,** -a, -um: fruchtbar, fruchtbringend (*vgl.* frūctus, -ūs) · ***documentum:** Lehre · ***intuērī:** betrachten, bedenken · **(Sb):** inde ... capias *(HS Potentialis/Iussiv)*, quod imitēre (= imitēris) ... inde, quod vītes *(fin. Relativsätze als Objekte)* · ***imitārī:** nachahmen · ***foedus,** -a. -um: häßlich, abscheulich · **inceptū:** *abl. von* inceptus, -ūs: Beginn

11 **cēterum:** im übrigen · **negōtium** = opus · **(nulla ... nec ... nec ... nec** ≈ vel ... vel ... vel; *nach* nulla *sind die Negationen der Aufzählung lediglich verstärkend* · **dītior** = dīvitior · **nec in quam civitātem** = nec ūlla civitās fuit, in quam · ***sērus:** spät · **immigrāre:** einziehen · **ubi** ≈ in quā (*sc.* civitāte) · ***paupertās:** Armut, bescheidene Lebensverhälnisse · ***parsimōnia:** Sparsamkeit (*vgl.* parcere) · **honōs** = honor · **rēs:** Besitz

minus, tanto minus cupiditatis erat; nuper divitiae avaritiam et abundantes voluptates desiderium per luxum atque libidinem pereundi perdendique omnia invexere. 12

Sed querellae ne tum quidem gratae futurae, cum forsitan necessariae erunt, ab initio certe tantae ordiendae rei absint; cum bonis potius ominibus votisque et precationibus deorum dearumque, si, ut poetis, nobis quoque mos esset, libentius inciperemus, ut orsis tantum operis successus prosperos darent. 13

---

12 ***abundāre:** im Überfluß vorhanden sein · **dēsīderium:** Verlangen, Wunsch (*vgl.* dēsīderāre) · **luxus,** -ūs: Pracht, Genußsucht, Verschwendung · **invehere:** einführen, mit sich bringen; *Subjekte zu* invexērunt *sind* dīvitiae et abundantēs voluptātēs

13 ***querel(l)a:** Klage, Beschwerde · **grātae futūrae** = quae grātae erunt · **forsitan** = *fortāsse: vielleicht · **certē:** allerdings, wenigstens · **ōrdīrī,** ōrdior, ōr-sus sum: beginnen · **rēs:** *hier* Aufgabe, Unternehmen · ***potius:** *(adv.)* eher, lieber · ***ōmen,** ōminis *n:* Vorzeichen, Wunsch · ***vōtum:** Gelübde, Gebet · **precātiō:** Bitte, Gebet · **poēta:** Dichter · **libentius:** lieber; *compar. zu* *libenter: gern · **ōrsīs:** *sc.* nōbīs · **tantum operis** = tantum opus · **successus,** -ūs: Fortgang, Erfolg · **prosperus:** erwünscht, günstig

*Von der Fülle der aus der Antike erhaltenen Portraits sind manche mit Sicherheit, manche mit Wahrscheinlichkeit historischen Persönlichkeiten zuzuordnen. Darunter finden sich auch einige, die zu den Hauptakteuren der von Livius im II. Buch geschilderten Ereignisse gehören: Bei dem Bildnis des* ***Porsenna*** *handelt es sich wohl um die Kopie des Kopfes einer aus dem 5. Jh. v. Chr. stammenden, vor der Curia in Rom aufgestellten Bronzestatue. – Ebenso geht der Kopf des* ***Brutus*** *auf eine Bronzestatue aus dem 5. Jh. zurück, die auf dem Kapitol neben der Gruppe der Könige stand. – Das Bildnis des* ***Horatius Cocles*** *(auch hier eine Kopie nach dem Original vom Anf. des 5. Jh.) ist das älteste bekannte eines Römers. – Siehe auch S. 20 das Portrait des* ***Publicola****.*

▲ *Lars Porsenna, Etruskerkönig. Ende 6. Jh. v. Chr. (Capri, San Michele)*

▲ *L. Iunius Brutus, erster röm. Konsul um 500 v. Chr. (Rom, Villa Albani)*

*Horatius Cocles, römischer Held* ▶ *im Porsenna-Krieg (507 v. Chr.). (München, Glyptothek)*

# Buch II – Auswahl

## Das erste Jahr der römischen Republik (Kap. 1–8)

**1** Liberi iam hinc populi Romani res pace belloque gestas, annuos magi-
2 stratus imperiaque legum potentiora quam hominum peragam. quae li-
bertas ut laetior esset, proximi regis superbia fecerat. nam priores ita
regnarunt, ut haud immerito omnes deinceps conditores partium certe
urbis, quas novas ipsi sedes ab se auctae multitudinis addiderunt, nu-
3 merentur. neque ambigitur, quin Brutus idem, qui tantum gloriae su-
perbo exacto rege meruit, pessimo publico id facturus fuerit, si liberta-
4 tis immaturae cupidine priorum regum alicui regnum extorsisset. quid
enim futurum fuit, si illa pastorum convenarumque plebs, transfuga ex
suis populis, sub tutela inviolati templi aut libertatem aut certe impuni-
tatem adepta, soluta regio metu agitari coepta esset tribuniciis procellis
5 et in aliena urbe cum patribus serere certamina, priusquam pignera co-
niugum ac liberorum caritasque ipsius soli, cui longo tempore adsuesci-
6 tur, animos eorum consociasset? dissipatae res nondum adultae discor-
dia forent, quas fovit tranquilla moderatio imperii eoque nutriendo
perduxit, ut bonam frugem libertatis maturis iam viribus ferre possent.
7 Libertatis autem originem inde magis, quia annuum imperium consu-
lare factum est, quam quod deminutum quicquam sit ex regia pote-

---

**1** **iam hinc:** von jetzt an · ***annuus:** auf ein Jahr befristet · **peragere:** *(im einzelnen)* darstellen

2 **quae libertas ut:** *Inversion, häufig auftretende Verbindung von rel. Satzanschluß und Konjunktion* · **laetior:** um so erfreulicher · **haud** = nōn · **immeritō** *(adv.):* unverdient (*vgl.* merēre) · **deinceps:** *(adv.)* der Reihe nach · **omnēs** (*sc.* rēgēs) **conditōres numerāre:** alle (Könige) zu Gründern zählen · **urbs** = Roma · **sēdēs:** *(pl.)* Siedlungsraum · **novās sēdēs:** *präd.* zu quās (*sc.* partēs)

3 **ambigitur, quīn:** 'man zweifelt, daß' · **Brūtus:** Marcus Junius Brutus, *Haupt der Verschwörung gegen die Tarquinier und erster verbürgter Träger dieses Namens, erster Konsul Roms* · **exigere:** vertreiben · **pessimō pūblico:** *abl.* 'zum größten Nachteil des Staates' · **factūrus fuerit:** = fēcisset, *Irrealis in der Abhängigkeit* · **immātūrus:** *Verneinung zu* *mātūrus: früh, zeitig, reif · **cupīdo, -inis** *f:* Verlangen · **extorquēre:** entreißen

4 **quid enim futūrum fuit, sī:** 'was wäre nämlich die Folge gewesen, wenn' · ***pāstor:** Hirte · **convenae,** -ārum *m:* zusammengelaufenes Volk (*vgl.* convenīre) · **trānsfuga:** Flüchtling, Überläufer; trānsfuga, adepta, solūta: *Appositionen zu plebs* · ***tūtēla:** Schutz · **inviolātus:** unverletzlich · **impūnitās:** Straflosigkeit · **rēgius metus** = metus rēgis, *gen. obj.* · **coepta esset** = coepisset · **procella:** Sturm · **tribūnīcius:** *vgl.* *tribūnus (*sc.* plēbis) · **tribūnīciae procellae:** Stürme des Ständekampfes; *Ausblick auf die späteren Auseinandersetzungen zwischen Volkstribunen und Patriziern* · ***serere,** -ui, sertum: aneinanderreihen; certāmina serere: sich auf dauernde Kämpfe einlassen.

5 **pīgnus,** -eris *n:* Pfand *(ehelicher Liebe)* · **coniugum ac līberōrum:** *gen. expl.* · **cāritās:** *vgl.* cārus · ***solum:** Boden · **adsuēscere:** sich gewöhnen an

6 **dissipāre:** zerstreuen, zerstören · ***adolēscere:** heranwachsen · ***discordia:** Uneinigkeit · **forent** = essent · ***fovēre:** wärmen, fördern · ***moderātio:** Mäßigung, Lenkung · **nūtrīre:** *(sorgsam)* pflegen · **eō perdūcere, ut:** dahin bringen, daß · ***frūx,** -gis *f:* Frucht

7 **inde numerāre, quia** (= quod): darauf zurückführen, daß · ***dēminuere:** vermindern

state, numeres. omnia iura, omnia insignia primi consules tenuere; id 8
modo cautum est, ne, si ambo fasces haberent, duplicatus terror videre-
tur. Brutus prior concedente collega fasces habuit; qui non acrior vin-
dex libertatis fuerat, quam deinde custos fuit. omnium primum avidum 9
novae libertatis populum, ne postmodum flecti precibus aut donis re-
giis posset, iure iurando adegit neminem Romae passuros regnare.
deinde, quo plus virium in senatu frequentia etiam ordinis faceret, cae- 10
dibus regis deminutum patrum numerum primoribus equestris gradus
lectis ad trecentorum summam explevit; traditumque inde fertur, ut in 11
senatum vocarentur, qui patres quique conscripti essent: conscriptos,
videnovum senatum, appellabant lectos. id mirum quantum profuit ad
concordiam civitatis iungendosque patribus plebis animos.

Rerum deinde divinarum habita cura; et quia quaedam publica sacra 2
per ipsos reges factitata erant, necubi regum desiderium esset, regem
sacrificulum creant. id sacerdotium pontifici subiecere, ne additus no- 2
mini honos aliquid libertati, cuius tunc prima erat cura, officeret.
Ac nescio, an nimis undique eam minimisque rebus muniendo modum
excesserint. consulis enim alterius, cum nihil aliud offenderet, nomen 3
invisum civitati fuit: nimium Tarquinios regno adsuesse; initium a
Prisco factum; regnasse dein Ser. Tullium; ne intervallo quidem facto
oblitum, tamquam alieni, regni Superbum Tarquinium velut heredita-
tem gentis scelere ac vi repetisse; pulso Superbo penes Collatinum im-
perium esse. nescire Tarquinios privatos vivere; non placere nomen, pe-
riculosum libertati esse.

---

8 **insīgne, -is** *n:* Kennzeichen · ***ambō:** beide zusammen · **duplicāre:** verdoppeln · ***fasces:** Rutenbündel · **vindex,** -icis: Verfechter

9 ***avidus:** gierig, eifrig bedacht auf · **postmodum** = posteā · **iūre iūrandō adigere:** durch Eid verpflichten; *(Sb) a.c.i.:* (sē)nēminem Rōmae passūros (esse) rēgnāre

10 **quō** = ut eō: damit umso · **frequentia:** *vgl.* frequēns · **vīrēs:** Einfluß · **prīmōris,** -e: vornehmster · ***equester:** *adj. zu* equēs · **explēre:** ≈ complere

11 **trāditum fertur:** es gilt als Tradition · ***cōnscrībere:** einschreiben *(in die Senatorenliste),* beiordnen · **mīrum** (est) **quantum:** ‘in erstaunlichem Maße’

2 **rēs dīvīnae:** Gottesdienst, Kultus · **cūram habēre** + *gen.:* Sorge tragen für · **factitāre:** gewöhnlich tun, vollziehen, *iterat. zu* facere · **necubi:** ‘damit in keiner Hinsicht’ · **dēsīderium:** *vgl.* dēsīderāre · **rēx sacrificulus:** Opferpriester, *sonst* rēx sacrōrum; *er hatte nur religiöse, keine imperiale Funktion*

2 ***sacerdōtium:** Priesteramt · **pontifici:** *sc.* māximō · ***pontifex,** -icis: Priester · **ne ... aliquid:** ‘damit auch nicht im geringsten’ · **honōs** = honor · **officere** + *dat.:* etw. beeinträchtigen · **modum excēdere:** das Maß überschreiten

3 ***invīsus:** verhaßt · **(Sb):** *Übergang zur indir. Rede, die die Meinung der cives wiedergibt* · **adsuēsse** =adsuēvisse · **Prīscus:** Tarquinius Prīscus, *nach der Romsage fünfter König;* **Servius Tullius,** *sechster König; er wird von seiner Tochter Tullia, der Frau des Tarquinius Superbus, des siebten und letzten Königs, ermordet.* · **oblītum:** *part. coni.* · ***intervallum:** Zwischenraum, Unterbrechung · **tamquam aliēnī:** als ob sie (die Königsherrschaft) unbefugt in fremden Händen läge · **hērēditās:** Erbschaft, erblicher Besitz · **repetere** (*sc.* rēgnum): zurückgewinnen · **penes:** *praep.* + *acc.;* bei, in der Hand von · **Collātīnus:** Lucius Tarquinius Collātīnus · ***perīculōsus:** *adj. zu* *perīculum

4 Hinc primo sensim temptantium animos sermo per totam civitatem est
5 datus, sollicitamque suspicione plebem Brutus ad contionem vocat. ibi
omnium primum ius iurandum populi recitat neminem regnare passuros nec esse Romae, unde periculum libertati foret; id summa ope tuendum esse neque ullam rem, quae eo pertineat, contemnendam. invitum se dicere hominis causa nec dicturum fuisse, ni caritas rei publi-
6 cae vinceret: non credere populum Romanum solidam libertatem reciperatam esse; regium genus, regium nomen non solum in civitate, sed
7 etiam in imperio esse; id officere, id obstare libertati. 'hunc tu' inquit
'tua voluntate, L. Tarquini, remove metum. meminimus, fatemur, eiecisti reges; absolve beneficium tuum, aufer hinc regium nomen. res tuas tibi non solum reddent cives tui auctore me, sed, si quid deest, munifice augebunt. amicus abi; exonera civitatem vano forsitan metu: ita persuasum est animis cum gente Tarquinia regnum hinc abiturum.'
8 Consuli primo tam novae rei ac subitae admiratio incluserat vocem; dicere deinde incipientem primores civitatis circumsistunt, eadem multis
9 precibus orant. et ceteri quidem movebant minus; postquam Sp. Lu-
cretius, maior aetate ac dignitate, socer praeterea ipsius, agere varie rogando alternis suadendoque coepit, ut vinci se consensu civitatis pate-
10 retur, timens consul, ne postmodum privato sibi eadem illa cum bo-
norum amissione additaque alia insuper ignominia acciderent, abdicavit se consulatu rebusque suis omnibus Lavinium translatis civitate cessit.
11 Brutus ex senatus consulto ad populum tulit, ut omnes Tarquiniae gen-
tis exsules essent; collegam sibi comitiis centuriatis creavit P. Valerium, quo adiutore reges eiecerat.

**3** Cum haud cuiquam in dubio esset bellum ab Tarquiniis imminere, id quidem spe omnium serius fuit; ceterum, id quod non timebant, per

---

4 **sēnsim:** kaum merkbar; *gehört wie* prīmō *zu* temptantium · ***sollicitus:** beunruhigt

5 **nēminem … Rōmae (Sb):** nēminem rēgnāre nec Rōmae *sc.* sē passūrōs *sc.* esse · **unde** ≈ ā quō · **foret:** *von* fore = fútūrum esse · **(Sb):** *Aus dem Vorlesen des Eides entwickelt sich die Rede des Brutus, zunächst in indir. Rede, dann in dir. Rede* · **id** *meint* iūs iūrandum

6 **reciperāre** = *recuperāre: wiedererlangen · **solidus:** ganz · **obstāre:** im Wege stehen · **officere:** entgegenwirken

7 **ēicere:** vertreiben = pellere · ***absolvere:** befreien, freisprechen; vollkommen machen · **mūnificus:** großzügig · **exonerāre:** entlasten, befreien · **vānus:** nichtig · **forsitan** = fortāsse

8 **subitus:** plötzlich · ***admīrātiō:** Verwunderung · **inclūdere:** verschließen · **prīmōrēs:** die Vornehmsten · **circumsistere:** umringen

9 **socer,** -erī: Schwiegervater · **alternīs:** *(adv.)* abwechselnd · **rogandō … suādendō:** *nähere Erklärung zu* agere vāriē · ***cōnsēnsus,** -ūs: Übereinstimmung, einstimmiger Wunsch

10 **postmodum** = posteā · **āmissiō bonōrum:** Verlust des Vermögens · **īnsuper:** *(adv.)* obendrein · ***īgnōminia:** Schande · **sē abdicāre** *sc.* magistrātū: ein Amt niederlegen · **Lavinium:** *Stadt im südlichen Latium* · **cēdere** = excēdere

11 **senātūs cōnsultum:** Senatsbeschluß · **ferre ad populum:** *sc.* lēgem · ***ex(s)ul:** verbannt · **comitia centūriāta:** Zenturiatskomitien; *Volksversammlung, deren Abstimmungs-Modus nach Zenturien auf der alten Wehr-Verfassung beruhte* · **adiūtor:** *vgl.* adiūvāre

**3** **spē…sērius:** wider Erwarten spät · **cēterum:** *(adv.)* übrigens · ***dolus:** List · ***prōditiō:** Verrat

dolum ac proditionem prope libertas amissa est. erant in Romana iu- 2
ventute adulescentes aliquot, nec ii tenui loco orti, quorum in regno li-
bido solutior fuerat, aequales sodalesque adulescentium Tarquiniorum,
adsueti more regio vivere. eam tum aequato iure omnium licentiam 3
quaerentes libertatem aliorum in suam vertisse servitutem inter se con-
querebantur: regem hominem esse, a quo impetres, ubi ius, ubi iniuria
opus sit; esse gratiae locum, esse beneficio, et irasci et ignoscere posse,
inter amicum atque inimicum discrimen nosse; leges rem surdam, inex- 4
orabilem esse, salubriorem melioremque inopi quam potenti; nihil la-
xamenti nec veniae habere, si modum excesseris; periculosum esse in
tot humanis erroribus sola innocentia vivere.
Ita iam sua sponte aegris animis legati ab regibus superveniunt sine 5
mentione reditus bona tantum repetentes. eorum verba postquam in
senatu audita sunt, per aliquot dies ea consultatio tenuit, ne non red-
dita belli causa, reddita belli materia et adiumentum essent. interim le- 6
gati alia moliri, aperte bona repetentes clam recuperandi regni consilia
struere et tamquam ad id, quod agi videbatur, ambientes nobilium
adulescentium animos pertemptant. a quibus placide oratio accepta 7
est, iis litteras ab Tarquiniis reddunt et de accipiendis clam nocte in
urbem regibus conloquuntur.

Vitelliis Aquiliisque fratribus primo commissa res est. Vitelliorum **4**
soror consuli nupta Bruto erat, iamque ex eo matrimonio adulescentes
erant liberi, Titus Tiberiusque; eos quoque in societatem consilii avun-
culi adsumunt. praeterea aliquot nobiles adulescentes conscii ad- 2
sumpti, quorum vetustate memoria abiit. interim cum in senatu vicisset 3

---

2 **nec iī tenuī locō ortī**:'und zwar waren sie von nicht geringer Herkunft' · ***libīdō,** -inis: zügelloses Leben · ***solūtus:** ungebunden, frei · ***aequālis:** gleichaltrig, Altersgenosse · **sodālis:** Freund, Kumpan · **adsuētus** ≈ consuetus

3 **tum:** jetzt · ***licentia:** Ungebundenheit · **quaerentēs** ≈ dēsīderantēs · **vertere:** *intr.* · **ubī:** jedesmal wenn, sooft · **(Sb): rēgem** *wird in der folgenden Aufzählung nicht wiederholt* · **beneficium:** Vergünstigung · ***īrāscī:** zürnen · ***discrīmen:** Unterschied · **nōsse** = nōvisse

4 **surdus:** taub, gefühllos · **inexōrābilis:** unerbittlich · ***salūber:** gesund, vorteilhaft · ***inops,** -pis: mittellos · **laxāmentum:** Erleichterung, Schonung · ***venia:** Verzeihung · **modum excēdere:** das Maß überschreiten · ***error:** Irrtum · ***innocentia:** Unschuld, Uneigennützigkeit

5 ***aeger:** krank, verstimmt · **rēgēs:** königliche Familie · **supervenīre:** erscheinen · ***mentiō:** Erinnerung, Erwähnung · ***bona,** -ōrum: Besitz *(Land),* Vermögen · **repetere:** zurückfordern · **cōnsultātiō:** Beratung · **tenēre:** *intr.* anhalten, dauern · **(Sb): reddita** *erg. jeweils* bona · **māteria:** Grundlage · **adiūmentum:** Hilfsmittel

6 ***mōlīrī:** *(inf. hist.)* unternehmen · ***apertus:** offen, nach außen · **cōnsilia struere:** Pläne schmieden · **ambīre:** bittend herumgehen, jem. umwerben ·**pertemptāre:** erproben

7 ***placidus:** still, zustimmend

**4** **Vitelliōrum soror** = Vitellia, *Frau des Brutus* · ***nūbere:** sich *(einem Mann)* verheiraten · ***mātrimōnium:** Ehe · **adulēscentēs līberī:** erwachsene Kinder · **avunculus:** Onkel · **adsūmere:** aufnehmen

2 ***cōnscius:** Mitwisser · ***vetustās:** Alter, lange Dauer

sententia, quae censebat reddenda bona, eamque ipsam causam morae
in urbe haberent legati, quod spatium ad vehicula comparanda a con-
sulibus sumpsissent, quibus regum asportarent res, omne id tempus
cum coniuratis consultando absumunt evincuntque instando, ut litte-
4 rae sibi ad Tarquinios darentur: nam aliter qui credituros eos non vana
ab legatis super rebus tantis adferri?
Datae litterae, ut pignus fidei essent, manifestum facinus fecerunt. nam
5 cum pridie, quam legati ad Tarquinios proficiscerentur, cenatum forte
apud Vitellios esset coniuratique ibi remotis arbitris multa inter se de
novo, ut fit, consilio egissent, sermonem eorum ex servis unus excepit,
6 qui iam antea id senserat agi, sed eam occasionem, ut litterae legatis
darentur, quae deprehensae rem coarguere possent, exspectabat. post-
7 quam datas sensit, rem ad consules detulit. consules ad deprehenden-
dos legatos coniuratosque profecti domo sine tumultu rem omnem op-
pressere; litterarum in primis habita cura, ne interciderent. proditori-
bus extemplo in vincla coniectis de legatis paululum addubitatum est,
et quamquam visi sunt commisisse, ut hostium loco essent, ius tamen
gentium valuit.

**5** De bonis regiis, quae reddi ante censuerant, res integra refertur ad pa-
2 tres. ii victi ira vetuere reddi, vetuere in publicum redigi: diripienda
plebi sunt data, ut contacta regia praeda spem in perpetuum cum iis
pacis amitteret. ager Tarquiniorum, qui inter urbem ac Tiberim fuit,
3 consecratus Marti Martius deinde campus fuit. forte ibi tum seges far-
ris dicitur fuisse matura messi. quem campi fructum quia religiosum
erat consumere, desectam cum stramento segetem magna vis hominum
simul immissa corbibus fudere in Tiberim tenui fluentem aqua, ut me-

---

**quae cēnsēbat:** 'die dahin ging' (sententia) · **spatium:** Zeit(-raum) · **vehiculum:** Wagen · ***asportāre:** wegschaffen · **absumere:** verbrauchen · **cōnsultāre:** beratschlagen · **ēvincere, ut:** durchsetzen, daß

4 **aliter quī:** *(Inversion)* wie anders? · **vānus:** leer, unverbindlich · **super** = dē · ***pīgnus,** -oris *n:* Pfand · **ut:** (nur) zu dem Zweck, daß; *bezogen auf* datae · **manifēstus:** offen, sichtbar

5 **prīdiē, quam:** am Tage, bevor · ***cēnāre:** essen · **coniūrātus:** Verschwörer · **arbiter,** -trī: *(lästiger)* Zeuge · **ut fit:** 'wie gewöhnlich' · **excipere:** aufnehmen, belauschen

6 ***dēprehendere:** entdecken, ertappen, ergreifen · ***coagūere:** beweisen

7 **in prīmīs:** *(adv.)* zuallererst · **intercidere:** verlorengehen · **prōditor:** *vgl.* prōdere · **paululum:** *Diminutiv zu* paulum · **addubitātur dē:** man ist sich unschlüssig über · **committere, ut:** verschulden, daß · **hostium locō esse:** als Feind gelten

**5** **quae:** *Relativpronomen und acc. des a.c.i.* · **integra:** *präd. zu* res, *dt. adverbiell* · **vetāre:** verbieten · **in pūblicum redigere:** für Staatsbesitz erklären

2 ***dīripere:** plündern, zerstören · **contāctus:** befleckt · **contācta:** *sc.* plēbs · **spem...pācis:** *weite Sperrung* · **ager Tarquiniōrum:** *das ganze Gebiet zwischen Tiber einerseits, mons Pincius, Quirinalis, Capitolinus andererseits* · **cōnsecrātus:** geweiht · **Mars,** -tis: der Kriegsgott Mars · **campus Martius:** das Marsfeld

3 **segēs,** -etis *f:* Saat(-feld) · **far,** farris *n:* Dinkel, Spelt *(Weizenart)* · **messis,** -is *f:* Ernte · **religiōsus:** religiös bedenklich *(im Blick auf eine Strafe der Götter)* · **dēsecāre:** abschneiden · **strāmentum:** Stroh · **vīs:** Menge · **inmissa:** *sc.* in segetem sīve campum · **corbis,** -is *f:* Korb · **fūdēre** = fūdērunt · **fluēns tenuī aquā:** Niedrigwasser führend · **mediīs calōribus:** mitten im Sommer; **calor:** Wärme

diis caloribus solet. ita in vadis haesitantes frumenti acervos sedisse in- 4
litos limo; insulam inde paulatim et aliis, quae fert temere flumen,
eodem invectis factam; postea credo additas moles manuque adiutum,
ut tam eminens area firmaque templis quoque ac porticibus sustinendis
esset.
Direptis bonis regum damnati proditores sumptumque supplicium, 5
conspectius eo, quod poenae capiendae ministerium patri de liberis
consulatus imposuit et, qui spectator erat amovendus, eum ipsum for-
tuna exactorem supplicii dedit. stabant deligati ad palum nobilissimi 6
iuvenes; sed a ceteris, velut ab ignotis capitibus, consulis liberi omnium
in se averterant oculos, miserebatque poenae magis homines quam sce-
leris, quo poenam meriti essent: illos eo potissimum anno patriam libe- 7
ratam, patrem liberatorem, consulatum ortum ex domo Iunia, patres,
plebem, quidquid deorum hominumque Romanorum esset, induxisse
in animum, ut superbo quondam regi, tum infesto exsuli proderent.
consules in sedem processere suam, missique lictores ad sumendum 8
supplicium. nudatos virgis caedunt securique feriunt, cum inter omne
tempus pater voltusque et os eius spectaculo esset eminente animo pa-
trio inter publicae poenae ministerium.
Secundum poenam nocentium, ut in utramque partem arcendis sceleri- 9
bus exemplum nobile esset, praemium indici pecunia ex aerario, liber-
tas et civitas data. ille primum dicitur vindicta liberatus, quidam vin- 10

---

4 **(Sb):** *Weiterführung des Gedankens in indir. Rede* · **vadum:** seichte Stelle · **haesitāre:** *intens. von* *haerēre: (fest-)hängen · **acervus:** Haufen · **illitus:** überstrichen, überzogen · **līmus:** Schlamm · **eōdem:** ebendahin · **mōlēs:** *(pl.)* große Massen *(von Stein)* · **manū adiūtum est, ut:** 'es ist von Menschenhand nachgeholfen worden, damit' · ***ēminēre:** hervorragen · **ārea:** (freier) Platz · **ārea templīs sustinendīs est:** ein Platz ist geeignet Tempel zu tragen · **porticus,** -ūs *f:* (Säulen-)halle

5 **prōditor:** *vgl.* prōdere · ***supplicium sūmere:** die Todesstrafe vollziehen · **cōnspectius eō, quod:** um so mehr aufsehenerregend, als · **poenam capere dē:** eine Strafe an jd. vollziehen · ***ministerium:** Dienst, Verpflichtung · **spectātor:** *vgl.* spectāre · **quī...erat āmovendus:** 'den man hätte entfernen müssen' · **exāctor:** Vollstrecker · **dare:** *mit dopp. acc.* bestimmen zu

6 **dēligāre:** festbinden · **pālus,** -ī: Pfahl · ***ignōtus:** unbekannt · **miseret mē alicuius rei:** ich bedauere etwas · **meritī essent:** *der Konjunktiv als Ausdruck der subjektiven Empfindung der Zuschauer* · **(Sb):** *Weiterführung in indir. Rede*

7 **eō potissimum annō:** 'gerade in diesem Jahr'; *(abhängig von* liberatam*)* · **quidquid:** *mit gen. part.* · **indūcere in animum, ut:** den Entschluß fassen, daß · **(Sb):** *Das Objekt zu* prōderent, *das nach* ut *folgen müßte, steht in Form der Aufzählung betont am Anfang des Satzes* · **quondam:** eben noch · **tum:** jetzt · **infēstus:** feindselig · **exsul:** verbannt

8 **sēdēs:** *gemeint ist die* sella curūlis · ***nūdāre:** entblößen · ***virga:** Rute; *die Prügelstrafe wurde später durch die* lēx Porcia *für Römische Bürger verboten* · ***caedere:** schlagen · ***secūris,** -is *f:* Beil · ***ferīre:** schlagen, treffen · **secūrī** (caput) **ferīre:** köpfen · **cum:** wobei, während · ***spectāculum:** Schauspiel · ***ēminēre:** hervortreten, sich deutlich zeigen

9 **nocēns:** schuldig · **in utramque partem:** in doppelter Hinsicht · **arcendīs sceleribus:** *dat. des Zwecks, abh. von* nōbile · **praemium:** *präd.* · ***index,** -icis: Anzeiger · **aerārium:** Staatskasse · ***civitās:** Bürgerrecht

10 **vindicta:** Befreiungsstab

dictae quoque nomen tractum ab illo putant; Vindicio ipsi nomen fuisse. post illum observatum, ut, qui ita liberati essent, in civitatem accepti viderentur.

*Nach dem Scheitern der Verschwörung wendet sich Tarquinius Superbus um Hilfe an die Städte Etruriens. Die Einwohner von Veji und Tarquinii zeigen sich bereit, ihn im Kampf gegen Rom zu unterstützen (6,1–5).*

**6,** 5 Postquam in agrum Romanum ventum est, obviam hosti consules
6 eunt. Valerius quadrato agmine peditem ducit; Brutus ad explorandum
cum equitatu antecessit. eodem modo primus eques hostium agminis
fuit; praeerat Arruns Tarquinius, filius regis; rex ipse cum legionibus
7 sequebatur. Arruns ubi ex lictoribus procul consulem esse, deinde iam
propius ac certius facie quoque Brutum cognovit, inflammatus ira 'ille
est vir' inquit, 'qui nos extorres expulit patria. ipse en ille nostris deco-
8 ratus insignibus magnifice incedit. di regum ultores adeste.' concitat
calcaribus equum atque in ipsum infestus consulem derigit.
Sensit in se iri Brutus. decorum erat tum ipsis capessere pugnam duci-
9 bus. avide itaque se certamini offert, adeoque infestis animis concurre-
runt, neuter, dum hostem volneraret, sui protegendi corporis memor,
ut contrario ictu per parmam uterque transfixus, duabus haerentes ha-
10 stis moribundi ex equis lapsi sint. simul et cetera equestris pugna coe-
pit, neque ita multo post et pedites superveniunt. ibi varia victoria et
velut aequo Marte pugnatum est: dextera utrimque cornua vicere,
11 laeva superata. Veientes, vinci ab Romano milite adsueti, fusi fugati-
que; Tarquiniensis, novus hostis, non stetit solum, sed etiam ab sua
parte Romanum pepulit.

---

**Vindiciō:** *nom.* Vindicius · ***observāre, ut:** darauf achten, daß

**6** 6 **Valērius:** P. Valērius, *Nachfolger des Collatinus* · **quadrātō agmine:** 'in schlachtbereiter Marschordnung' · **pedes** = *peditātus, -ūs: Fußvolk · ***antecēdere:** vorangehen · **eques** = equitātus · **prīmus eques...agminis fuit:** *die Reiterei bildete die Spitze des Heeres;* prīmus *ist Prädikatsnomen*

7 **ubī** = ubī prīmum · **ex līctoribus:** *die Liktoren begleiteten den Konsul auch in die Schlacht* · **(Sb): cōgnōvit** *hat zwei (durch die Annäherung unterschiedene) Ergänzungen:* cōnsulem esse, Brūtum · ***īnflammāre:** entzünden · **extorris, -e:** heimatlos · **ēn:** da sieh · **decorāre:** schmücken · **īnsīgne, -is** *n:* Ehrenzeichen · ***māgnificus:** großartig · ***incēdere:** daherkommen · **ultor:** Rächer

8 ***concitāre:** antreiben · **calcāria:** Sporen · ***īnfēstus:** feindselig · **dērigere** = *dīrigere: einrichten, lenken · **īrī:** *pass. zu* īre · **īre in aliquem:** jem. angreifen · ***decōrus:** ehrenhaft · **capessere pūgnam:** in den Kampf eingreifen

9 **neuter:** keiner von beiden · **dum:** wenn nur · ***prōtegere:** beschützen, decken · ***contrārius:** gegenseitig · ***ictus, -ūs:** Stoß, Wurf · **parma:** Schild · ***trānsfīgere:** durchbohren · ***haerēre** + *abl.:* hängen an · ***hasta:** Lanze · **moribundus:** sterbend · ***lābī, -or,** lāpsus sum: gleiten, fallen *(von)*

10 ***equester:** Reiter- · **neque ita multō post:** und garnicht (so-)viel später · **supervenīre:** eintreffen · **Mars:** *metonym.* Kriegsglück · **laevus:** links

11 **Veientēs:** *Einwohner von Veji* · ***fugāre:** in die Flucht schlagen · **Tarquiniēnsis:** *Einwohner von Tarquinii* · **ab suā parte:** 'auf ihrer Seite'

**Kap. 7–8: Übersetzung**

*Nach diesem Ausgang des Kampfes kam solches Entsetzen über Tarquinius und die Etrusker, daß sie das Unternehmen als erfolglos aufgaben und beide Heere, das aus Veji und das aus Tarquinii, im Schutze der Nacht nach Hause abzogen. Man spricht auch von Wunderzeichen anläßlich dieses Kampfes: In der Stille der folgenden Nacht sei aus dem Arsischen Wald eine gewaltige Stimme erklungen; man habe sie für die Stimme des Silvanus gehalten. Folgendes habe sie gesagt: Ein Etrusker mehr sei bei dem Treffen gefallen; Sieger in diesem Krieg seien die Römer. So jedenfalls verließen sie den Kampfplatz, die Römer als Sieger, die Etrusker wie Besiegte. Denn als die Sonne aufgegangen und kein Feind mehr zu sehen war, ließ der Konsul Publius Valerius die Beutestücke einsammeln und kehrte im Triumph nach Rom zurück. Seinen Mitkonsul ließ er mit allem Aufwand, der damals möglich war, bestatten; doch eine weitaus größere Auszeichnung für den Toten bedeutete die öffentliche Trauer, die vor allem darin zum Ausdruck kam, daß die verheirateten Frauen ihn ein Jahr lang wie einen Vater betrauerten, weil er die gewaltsame Schändung (der Lucretia) so entschlossen gerächt hatte. Gegenüber dem Konsul, der überlebt hatte, schlug die Gunst (des Volkes) in Mißgunst, ja Verdächtigung und schlimme Anschuldigung um: Es ging das Gerücht, er strebe nach der Königsherrschaft, weil er einerseits keinen Amtskollegen anstelle des Brutus hatte nachwählen lassen und andererseits auf der Höhe der Velia sich ein Haus bauen ließ; dort entstehe auf einem erhöhten, gesicherten Platz eine uneinnehmbare Festung. Der empörende Umstand, daß diese Äußerungen sogar allgemeinen Glauben fanden, ließ dem Konsul keine Ruhe; er berief eine Volksversammlung ein, ließ die Rutenbündel (der Liktoren) senken und betrat den erhöhten Platz des Redners. Für die Menge war es ein willkommenes Schauspiel, daß die Zeichen der Herrschaft vor ihr gesenkt waren und damit das Eingeständnis vollzogen, daß des Volkes machtvolle Hoheit der des Konsuls überlegen sei. Der Konsul gebot ihnen zuzuhören und pries das glückliche Geschick seines Amtsgenossen, weil dieser nach der Befreiung seiner Vaterstadt, als Inhaber des höchsten Ehrenamtes, im Kampf für das Gemeinwesen, auf dem Höhepunkt seines Ruhms, ohne daß dieser bereits in Mißgunst umschlug, den Tod gefunden habe. Er (dagegen) habe seinen eigenen Ruhm überlebt, um Anschuldigungen und Mißgunst zu erdulden; vom Befreier der Vaterstadt sei er auf die Stufe der Aquilier und Vitellier herabgesunken. „Wird denn niemals“, sagte er, „eine Leistung für die Gemeinschaft in euren Augen solche Anerkennung finden, daß sie von einem Verdacht verschont bleibt? Ich sollte befürchten müssen, daß ich, der erbitterte Gegner der Könige, selbst beschuldigt werden könnte, nach der Königsherrschaft zu streben? Selbst wenn ich auf der Arx oder auf dem Kapitol wohnen würde, sollte ich dann annehmen, daß ich von meinen Mitbürgern gefürchtet werden könnte? Von einem so geringen Beweggrund hängt mein guter Ruf bei euch ab? So oberflächlich ist meine Zuverlässigkeit begründet, daß es mehr darauf ankommt, wo ich bin als wer ich bin? Nicht im Wege stehen wird das Haus des Publius Valerius eurem Freiheitswillen, Quiriten; wohlbehalten wird euch die Velia sein. Ich werde mein Haus nicht nur in die Ebene, sondern sogar an den Fuß des Hügels verlegen, damit ihr über mir, dem verdächtigen Mitbürger, wohnt; auf der Velia mögen die bauen, bei denen die Freiheit besser aufgehoben ist als bei Publius Valerius“.* 7

*Auf der Stelle ließ er das gesamte Baumaterial von der Velia herabschaffen und sein Haus an der Senke des Fahrweges errichten, wo heute der Tempel der Vica Pota steht.*

**8** *Daraufhin brachte der Konsul Gesetze ein, die ihn nicht nur von dem Verdacht einer Königsherrschaft frei machten, sondern in solchem Maße das Gegenteil bewirkten, daß sie ihn sogar zum Volksfreund werden ließen; daher stammt sein Beiname Publicola. Vor allen anderen waren die Gesetze günstig für das Volk, die das Berufungsrecht beim Volk gegenüber den Amtsträgern sowie die Ächtung und den Vermögensentzug dessen, der nach der Königsherrschaft strebe, zum Inhalt hatten. Als er diese Gesetze allein durchgebracht hatte, daß sie ausschließlich sein Verdienst waren, hielt er im Anschluß daran die Wahlversammlung ab, um einen Amtskollegen nachwählen zu lassen. Als Konsul gewählt wurde Spurius Lucretius; er war schon alt, seine Kräfte reichten nicht mehr aus, um die Aufgaben des Konsulats wahrzunehmen, und er starb innerhalb weniger Tage. An die Stelle des Lucretius trat Marcus Horatius Pulvillus. Bei gewissen alten Geschichtsschreibern finde ich Lucretius nicht als Konsul aufgeführt; auf Brutus lassen sie sogleich Horatius folgen. Die Erinnerung (an ihn) ging, wie ich glaube, verloren, weil sein Konsulat durch keine Amtshandlung gekennzeichnet war.*

*Die Einweihung des Jupitertempels auf dem Kapitol stand noch aus; die Konsuln Valerius und Horatius bestimmten durch Losentscheid, welcher von beiden ihn weihen sollte. Dem Horatius fiel durch das Los die Weihung zu; Publicola brach zum Krieg gegen die Einwohner von Veji auf. Die Angehörigen des Valerius waren über die Maßen aufgebracht, daß die Weihung eines so bedeutenden Tempels dem Horatius übertragen wurde. Sie versuchten es auf alle erdenkliche Weise zu verhindern, und nach anderen gescheiterten Versuchen überraschten sie den Konsul, der bereits die Türpfosten hielt und die Weiheformel für die Götter sprach, mit der schrecklichen Nachricht, sein Sohn sei tot, und er könne daher mit einer Leiche im Haus den Tempel nicht weihen. Ob der Konsul es nicht glaubte oder ein solches Maß an innerer Haltung besaß, ist weder mit Sicherheit überliefert noch leicht zu erklären: Er ließ sich auf diese Nachricht hin von seinem Vorhaben nicht weiter abhalten, gab lediglich den Auftrag, den Leichnam zu bestatten, ließ den Türpfosten nicht aus den Händen, sprach die Weiheformel zu Ende und weihte den Tempel.*

*Das waren die Ereignisse in Krieg und Frieden im ersten Jahr nach der Vertreibung der Könige.*

*P. Valerius Volusi Publicola, † 503 v. Chr.*
*(Ny Carlsberg Glyptotek, Kopenhagen)*
*Bei dem Portrait handelt es sich um eine Kopie nach einem um 470–460 v. Chr. entstandenen Original.*

## Die Bedrohung durch Porsenna (Kap. 9–15)

Inde P. Valerius iterum T. Lucretius consules facti. iam Tarquinii ad **9**
Lartem Porsennam, Clusinum regem, perfugerant. ibi miscendo consi-
lium precesque nunc orabant, ne se, oriundos ex Etruscis, eiusdem san-
guinis nominisque, egentes exsulare pateretur, nunc monebant etiam, 2
ne orientem morem pellendi reges inultum sineret. satis libertatem
ipsam habere dulcedinis. nisi, quanta vi civitates eam expetant, tanta 3
regna reges defendant, aequari summa infimis; nihil excelsum, nihil,
quod supra cetera emineat, in civitatibus fore; adesse finem regnis, rei
inter deos hominesque pulcherrimae. Porsenna cum regem esse Romae 4
tum Etruscae gentis regem amplum Tuscis ratus Romam infesto exer-
citu venit.

Non unquam alias ante tantus terror senatum invasit; adeo valida res 5
tum Clusina erat magnumque Porsennae nomen. nec hostes modo ti-
mebant sed suosmet ipsi cives, ne Romana plebs metu perculsa receptis
in urbem regibus vel cum servitute pacem acciperet. multa igitur 6
blandimenta plebi per id tempus ab senatu data. annonae in primis ha-
bita cura, et ad frumentum comparandum missi alii in Volscos, alii
Cumas. salis quoque vendendi arbitrium, quia impenso pretio venibat,
in publicum omne sumptum, ademptum privatis; portoriisque et tri-
buto plebes liberata, ut divites conferrent, qui oneri ferendo essent:
pauperes satis stipendii pendere, si liberos educerent.

---

**9** **inde:** *d.h. für das folgende Jahr* (508 v.Chr.) · ***iterum:** zum zweiten Mal · **Tarquiniī:** *Familie des letzten Königs Tarquinius Superbus* · **Lar Porsenna:** *König der etruskischen Stadt Clusium (Chiusi), in der Nähe des Trasimenischen Sees* · ***perfugere:** Zuflucht nehmen · **miscendō** ≈ miscentes · **nunc...nunc:** bald...bald · **oriundus:** abstammend (*vgl.* orīrī) · **exsulāre:** in der Verbannung leben (*vgl.* exilium) · **paterētur:** *von* patī

2 **inultus:** ungerächt · **satis...dulcēdinis:** *gen. part.*, **dulcēdō:** Verlockung (*vgl.* dulcis) · **(Sb) habēre:** *Diese und die folgenden Inf.-Konstr. sind noch von* monēbant *abhängig (indir. Rede)*

3 **nisī, quantā vī ..., tantā** (*sc.* vī...): *Der Bedingungssatz ist durch einen Vergleich erweitert* · **eam** (*sc.* libertatem) · ***expetere:** erstreben · **aequāre:** gleich machen (*vgl.* aequus) · ***īnfimus:** der unterste (*superl. zu* īnferior) · ***excelsus:** erhaben · ***ēminēre:** herausragen · ***fore** = futūrum esse · **regnīs, reī...pulcherrimae:** *dat. mit Apposition, Wechsel des Num.*

4 ***cum...tum:** wenn schon ... dann besonders · **ratus:** *von* rērī; *das Part. hat zwei Ergänzungen; die erste wird durch den a.c.i. vertreten* · ***īnfēstus:** feindlich

5 **aliās:** zu anderer Zeit, sonst · **ante:** *adv.* · ***terror:** Schrecken · ***invādere:** eindringen, befallen · ***adeō:** so sehr · ***modo:** nur · **timēbant:** *sc.* senatōrēs · **suōsmet:** -met *ist ein verstärkendes Suffix* · **perculsus:** *von* percellere: erschüttern · ***vel:** *(steigernd)* sogar, selbst · **cum:** zusammen mit, unter der Bedingung

6 **blandīmentum:** Vergünstigung · ***annōna:** *(Jahresvorrat an landwirtschaftlichen Erzeugnissen)* Getreideversorgung · **in prīmīs:** besonders · ***cūram habēre** + *gen.*: sich um etw. kümmern · **comparāre:** beschaffen · **Volscī:** *italischer Stamm am Liris im südl. Latium* · **Cumae:** *älteste griechische Kolonie in Italien bei Neapel* · ***sāl,** salis *n*: Salz · **arbitrium:** freier Markt(preis) · **impēnsō pretiō vēnīre:** zu teurem Preis verkauft werden · **portōrium:** Wege- und Brückenzoll · ***tribūtum:** (zugeteilte) direkte Steuer · **onerī ferendō esse:** *(dat fin. vom Gerundiv)* geeignet sein für das Tragen der Belastung · ***stīpendium:** Zahlung, öffentlicher Beitrag · ***pendĕre:** bezahlen, leisten · **ēdūcere** ≈ ēducāre

7 Itaque haec indulgentia patrum asperis postmodum rebus in obsidione
ac fame adeo concordem civitatem tenuit, ut regium nomen non summi
8 magis quam infimi horrerent, nec quisquam unus malis artibus postea
tam popularis esset, quam tum bene imperando universus senatus fuit.

**10** Cum hostes adessent, pro se quisque in urbem ex agris demigrant;
2 urbem ipsam saepiunt praesidiis. alia muris, alia Tiberi obiecto videbantur tuta; pons sublicius iter paene hostibus dedit, ni unus vir fuisset,
Horatius Cocles; id munimentum illo die fortuna urbis Romanae ha-
3 buit. qui positus forte in statione pontis cum captum repentino impetu
Ianiculum atque inde citatos decurrere hostes vidisset trepidamque turbam suorum arma ordinesque relinquere, reprehensans singulos, obsistens obtestansque deum et hominum fidem testabatur nequiquam de-
4 serto praesidio eos fugere; si transitum a tergo reliquissent, iam plus
hostium in Palatio Capitolioque quam in Ianiculo fore. itaque monere,
praedicere, ut pontem ferro, igni, quacumque vi possint, interrumpant;
se impetum hostium, quantum corpore uno posset obsisti, excepturum.
5 vadit inde in primum aditum pontis, insignisque inter conspecta cedentium pugna terga obversis comminus ad ineundum proelium armis
ipso miraculo audaciae obstupefecit hostes.
6 Duos tamen cum eo pudor tenuit, Sp. Larcium ac T. Herminium,
7 ambos claros genere factisque. cum his primam periculi procellam et,
quod tumultuosissimum pugnae erat, parumper sustinuit; deinde eos

---

7 **indulgentia:** Verständnis, Nachgiebigkeit · **postmodum:** in der Folge, später · **obsidiō,** -nis: obsidēre · ***famēs,** famis *f*: Hunger · ***concors:** *präd. zu* cīvitātem: einträchtig (*vgl.* concordia) · ***īnfimus:** unterster, geringster · **horrēre** + *acc.:* vor etw. Abscheu empfinden

8 **malae artēs:** üble Mittel · **populāris:** beim Volk beliebt

**10** **dēmigrāre:** übersiedeln · **saepīre praesidiīs:** mit Posten umgeben

2 **obiectus:** *(dem Feind)* entgegenliegend, schützend · **sublicius:** auf Pfählen gebaut; *diese älteste Pfahlbrücke Roms verband das* forum boārium *(Rindermarkt) mit dem rechten Tiberufer* · **nī** = nisi · **id:** *inhaltlich auf* Horātius Cocles, *grammatisch auf den präd. acc.* mūnīmentum *bezogen;* ***mūnīmentum:** Bollwerk

3 **quī:** *rel. Satzanschluß, bezogen auf* Horātius Cocles · ***statiō:** Posten, Besatzung · **cum (Sb):** *Von dem Rahmen des Nebensatzes* qui…cum… vīdisset *ist dreimal ein a.c.i. abhängig* · **Iāniculum:** *Hügel auf dem rechten Tiber-Ufer* · **citātus:** im Laufschritt (citāre: beschleunigen) · **trepidus:** verwirrt, ratlos · **reprehēnsāre:** wiederholt zurückhalten · **obsistere:** sich entgegenstellen, aufhalten · **obtestārī:** beschwören · **deūm** = deōrum · **reprehēnsāns (Sb):** *Das zweite und dritte Part. sind dem ersten erläuternd untergeordnet* · **testārī:** bezeugen, überzeugen · **nēquīquam:** vergeblich

4 **trānsitus:** Übergang (*vgl.* trānsīre) · **Palātium:** *der* mōns Palātīnus *mit der ältesten Ansiedlung Roms* · **Capitōlium:** *der* mōns Capitōlīnus *mit dem religiösen Zentrum der Gemeinde, dem Tempel der Capitolinischen Trias Iuppiter, Iuno und Minerva* · **monēre praedīcere** *sc.* sē; praedīcere: einschärfen · **interrumpere:** einreißen, abbrechen · **obsistere:** aufhalten

5 **vādere:** gehen, schreiten · **cōnspecta…terga:** *Sperrung*; pūgnā *abhängig von* cēdentium · **obvertere:** *(den Feinden)* entgegenrichten · **comminus:** in der Nähe, zum Nahkampf (*aus* cum + manus) · **mīrāculum:** das Erstaunliche, Auffallende (*vgl.* mīrārī) · **obstupefacere:** in Erstaunen versetzen

6 ***ambō:** beide

7 **procella:** Sturm, Ansturm · **tumultuōsissimum pūgnae:** das schlimmste Kampfgetümmel · **parumper:** für kurze Zeit

*Anonymus, Florenz, um 1480: Horatius Cocles (Städelsches Kunstinstitut, Frankfurt)*

quoque ipsos exigua parte pontis relicta revocantibus, qui rescinde-
bant, cedere in tutum coegit.
Circumferens inde truces minaciter oculos ad proceres Etruscorum 8
nunc singulos provocare, nunc increpare omnes: servitia regum super-
borum, suae libertatis immemores alienam oppugnatum venire.
Cunctati aliquamdiu sunt, dum alius alium, ut proelium incipiant, cir- 9
cumspectant. pudor deinde commovit aciem, et clamore sublato undi-
que in unum hostem tela coniciunt. quae cum in obiecto cuncta scuto 10
haesissent neque ille minus obstinatus ingenti pontem obtineret gradu,
iam impetu conabantur detrudere virum, cum simul fragor rupti pon-
tis, simul clamor Romanorum alacritate perfecti operis sublatus pavore
subito impetum sustinuit. tum Cocles 'Tiberine pater', inquit, 'te sancte 11
precor, haec arma et hunc militem propitio flumine accipias.' ita sic
armatus in Tiberim desiluit multisque superincidentibus telis incolumis
ad suos tranavit rem ausus plus famae habituram ad posteros quam
fidei.
Grata erga tantam virtutem civitas fuit: statua in comitio posita; agri, 12

7 ***exiguus:** klein, gering · **revocantibus:** *sc.* iīs, quī rescindēbant · **rescindere:** einreißen (*vgl. oben* interrumpere)

8 **mināciter trucēs oculōs circumferre ad:** jem. drohend trotzige Blicke zuwerfen · **proceres:** die Vornehmsten · **prōvocāre:** herausfordern · **increpāre:** beschimpfen; *beides hist. Inf.* · **servitia** (*präd. acc. wie* immemmorēs) ≈ eōs servōs venīre · ***immemor** + *gen.*: nicht denkend an etw. · **aliēnam:** *sc.* lībertātem · **oppugnātum:** *supin.*: um zu bekämpfen

9 ***cūnctārī:** zögern · **aliquamdiū:** eine Zeit lang · **sublātus:** *von* tollere

10 ***scūtum:** der Schild · ***haerēre:** hängen, steckenbleiben · **obstinātus:** hartnäckig · **dētrūdere:** hinabstoßen · **fragor:** Brechen, Bersten (*vgl.* frangere) · **alacritās:** Begeisterung · **pavor:** Angst, Aufregung · **subitus:** plötzlich, unerwartet

11 **Tiberīnus:** der Flußgott Tiber · ***precārī:** bitten, beten (*vgl.* precēs) · **propitius:** günstig · ***dēsilīre:** herabspringen · **superincidēns:** von oben herabfallend · **trānāre:** hinüberschwimmen · **ausus:** *von* audēre · **fidēs:** Glaubwürdigkeit

12 ***erga:** *(praep. + acc.)* gegenüber · **comitium:** Platz für die Wahlversammlungen *im Norden des Forum*

13 quantum uno die circumaravit, datum. privata quoque inter publicos
honeres studia eminebant; nam in magna inopia pro domesticis copiis
unusquisque ei aliquid fraudans se ipse victu suo contulit.

**11** Porsenna primo conatu repulsus consiliis ab oppugnanda urbe ad obsi-
dendam versis, praesidio in Ianiculo locato ipse in plano ripisque Tibe-
2 ris castra posuit navibus undique accitis et ad custodiam, ne quid
Romam frumenti subvehi sineret, et, ut praedatum milites trans flumen
3 per occasiones aliis atque aliis locis traiceret; brevique adeo infestum
omnem Romanum agrum reddidit, ut non cetera solum ex agris, sed
pecus quoque omne in urbem compelleretur neque quisquam extra
4 portas propellere auderet. hoc tantum licentiae Etruscis non metu
magis quam consilio concessum. namque Valerius consul, intentus in
occasionem multos simul et effusos improviso adoriundi, in parvis
5 rebus neglegens ultor gravem se ad maiora vindicem servabat. itaque
ut eliceret praedatores, edicit suis, postero die frequentes porta Esqui-
lina, quae aversissima ab hoste erat, expellerent pecus, scituros id
6 hostes ratus, quod in obsidione et fame servitia infida transfugerent. et
sciere perfugae indicio, multoque plures ut in spem universae praedae
flumen traiciunt.
7 P. Valerius inde T. Herminium cum modicis copiis ad secundum lapi-
dem Gabina via occultum considere iubet, Sp. Larcium cum expedita
iuventute ad portam Collinam stare, donec hostis praetereat, inde se
8 obicere, ne sit ad flumen reditus. consulum alter T. Lucretius porta
Naevia cum aliquot manipulis militum egressus; ipse Valerius Caelio
9 monte cohortes delectas educit hique primi apparuere hosti. Herminius

---

13 **studia:** Zuwendungen · **cōpia domestica:** häuslicher Vorrat · **ūnusquisque:** jeder einzelne · **fraudāre:** betrügen, berauben (*vgl.* fraus, fraudis) · ***vīctus,** -ūs: Lebensunterhalt · **cōnferre:** bringen

**11** ***conātus,** -ūs: Versuch (*vgl.* conārī) · ***repellere:** zurückschlagen · **plānum:** Fläche, Ebene

2 **accīre:** herbeiholen · ***custōdia:** Bewachung (*vgl.* custōs) · **subvehere:** heranschaffen · **praedārī:** Beute machen (*vgl.* praeda), *supin.* · **aliīs atque aliīs locīs:** bald hier, bald da

3 **brevī:** *sc.* tempore · **agrum īnfēstum reddere:** ein Gebiet unsicher machen · ***compellere:** zusammentreiben · **prōpellere:** *sc.* pecus

4 **hoc tantum licentiae:** dieses hohe Maß an Bewegungsfreiheit · ***licentia:** (Bewegungs-)Freiheit · **intentus in occāsiōnem … adoriundī:** auf eine Gelegenheit aus … anzugreifen · **effūsus:** verstreut (*vgl.* fundere) · **imprōvīsō:** *(adv)* unvorhergesehen (*vgl.* prōvidēre) · **ultor:** Rächer · **vindex:** Vollstrecker der Strafe

5 ***ēlicere:** herauslocken, anlocken · **praedator:** Plünderer · ***ēdīcere:** anordnen · **porta Esquilīna:** *an der östlichen, dem* Tiber *und dem* Ianiculum *abgewandten Seite der Stadt mit der Ausfallstraße nach* Gabii/Praeneste · **in obsidiōne et fame:** *gleiche Wendung wie 9,7* · ***servitia** ≈ servī

6 **sciēre** = scī(v)ērunt · **perfuga** = *trānsfuga: Überläufer · **aliquem flūmen trāicere:** jem. übersetzen · **plūrēs:** mehr als gewöhnlich *(vgl. § 2)* · **ut:** *(begründend)* in der Hoffnung auf …

7 **lapis,** lapidis *m*: (Meilen)stein · **occultum:** *praed. zu* T.Herminium · ***expedīre:** *(zum Kampf)* bereitmachen · **porta Collīna:** *im Nordosten der alten Siedlung* · **dōnec:** solange

8 **porta Naevia:** *im Süden am Aventin* · **manipulus/ cohors:** *Gliederungen des Heeres;* 2 centuriae *(Sollstärke je 100 Mann)* = 1 manipulus, 3 manipuli = 1 cohors, 10 cohortes = 1 legio · **Caeliō monte ēdūcit:** *wahrscheinlich durch die* porta Caelimontāna *im Südosten*

ubi tumultum sensit, concurrit ex insidiis versisque in Lucretium Etruscis terga caedit; dextra laevaque, hinc a porta Collina, illinc ab Naevia, redditus clamor; ita caesi in medio praedatores neque ad pugnam viribus pares et ad fugam saeptis omnibus viis. finisque ille tam effuse evagandi Etruscis fuit.

Obsidio erat nihilo minus et frumenti cum summa caritate inopia, se- **12**
dendoque expugnaturum se urbem spem Porsenna habebat, cum C.
Mucius, adulescens nobilis, cui indignum videbatur populum Ro- 2
manum servientem, cum sub regibus esset, nullo bello nec ab hostibus
ullis obsessum esse, liberum eundem populum ab iisdem Etruscis obsideri, quorum saepe exercitus fuderit; – itaque magno audacique aliquo 3
facinore eam indignitatem vindicandam ratus primo sua sponte penetrare in hostium castra constituit; dein metuens, ne, si consulum 4
iniussu et ignaris omnibus iret, forte deprehensus a custodibus Romanis retraheretur ut transfuga fortuna tum urbis cirmen adfirmante
senatum adit. ‘transire Tiberim’, inquit, ‘patres, et intrare, si possim, 5
castra hostium volo, non praedo nec populationum in vicem ultor;
maius, si di iuvant, in animo est facinus.’ adprobant patres, abdito
intra vestem ferro proficiscitur.
Ubi eo venit, in confertissima turba prope regium tribunal constitit. ibi 6

9 **terga caedere:** in den Rücken fallen

10 **saepīre:** umzäunen, verschließen · **ēvāgārī:** *vgl.* *vāgārī: umherschweifen

**12** **cāritās:** Teuerung (*vgl.* cārus) · **sedendō** ≈ obsidendō

2 **cum:** *(inversum)* da auf einmal · **cui indīgnum vidēbātur (Sb):** *abhängig ist ein zweifacher a.c.i., jeweils durch einen NS erweitert; für das Motiv ist der Gegensatz* servientem – līberum *wichtig. Nach* fūderit *bricht die Konstruktion des Satzes ab (Anakoluth).*

3 **itaque ... ratus ... cōnstituit:** *setzt den mit* cum C. Mūcius *begonnenen Satz fort* · **indīgnitātem vindicāre:** den unwürdigen Zustand beenden · **penetrāre:** durchdringen, eindringen

4 **(Sb):** metuēns, nē dēprehēnsus retraherētur, sī iniussū īret, senātum adit. fortūnā ... affīrmante: *Einschub (Parenthese) ohne Einfluß auf die Konstr.* · ***iniussū:** ohne ausdrücklichen Befehl (*vgl.* iussū) · ***dēprehendere:** ergreifen · **retrahere:** zurückschleppen · **affīrmāre crīmen:** einen Verdacht nahelegen

5 ***praedō,** -ōnis *m:* Plünderer (*vgl.* praeda, praedārī) · **populātiō:** Verwüstung (*vgl.* populārī) · **invicem:** im Wechsel, gegenseitig · **ultor:** Rächer · **adprobāre:** zustimmen · ***abdere:** verbergen

6 ***cōnfertus:** dicht gedrängt · **tribūnal:** erhöhter Sitz

*Giovanni Bellini (1430–1516): Das Blut des Erlösers. London, National Gallery*

▲ *Domenico Ghirlandaio (1449–1494): Mucius Scaevola. Florenz, Signoria (Sala dei Gigli)*

*Giambattista Tiepolo (1696–1770): Mucius Scaevola vor Porsenna.*
*Würzburg, Martin-von-Wagner-Museum* ▼

cum stipendium militibus forte daretur et scriba cum rege sedens pari 7
fere ornatu multa ageret eum ⟨que⟩ milites vulgo adirent, timens sciscitari, uter Porsenna esset, ne ignorando regem semet ipse aperiret, quis esset, quo temere traxit fortuna facinus, scribam pro rege obtruncat.
Vadentem inde, qua per trepidam turbam cruento mucrone sibi ipse fe- 8
cerat viam, cum concursu ad clamorem facto comprehensum regii satellites retraxissent, ante tribunal regis destitutus, tum quoque inter tantas fortunae minas metuendus magis quam metuens 'Romanus
sum', inquit, 'civis; C. Mucium vocant. hostis hostem occidere volui, 9
nec ad mortem minus animi est, quam fuit ad caedem: et facere et pati
fortia Romanum est. nec unus in te ego hos animos gessi; longus post 10
me ordo est idem petentium decus. proinde in hoc discrimen, si iuvat, accingere, ut in singulas horas capite dimices tuo, ferrum hostemque
in vestibulo habeas regiae. hoc tibi iuventus Romana indicimus bellum. 11
nullam aciem, nullum proelium timueris; uni tibi et cum singulis res erit'.
Cum rex simul ira infensus periculoque conterritus circumdari ignes 12
minitabundus iuberet, nisi expromeret propere, quas insidiarum sibi
minas per ambages iaceret, 'en tibi', inquit, 'ut sentias, quam vile cor- 13
pus sit iis, qui magnam gloriam vident', dextramque accenso ad sacrificium foculo inicit. quam cum velut alienato ab sensu torreret animo, prope attonitus miraculo rex cum ab sede sua prosiluisset amoverique
ab altaribus iuvenem iussisset, 'tu vero abi', inquit, 'in te magis quam 14
in me hostilia ausus. iuberem macte virtute esse, si pro mea patria ista

---

7 ***stīpendium:** Sold · ***scrība:** Schreiber · ***ōrnātus,** -ūs: *(offizielle)* Kleidung · **timēre** + *inf.*: sich scheuen *etw. zu tun* · **scīscitārī:** sich erkundigen · ***-met:** *verstärkendes Suffix* · **quō...facinus:** *i.D. Parenthese* · **quō:** wohin *(rel.)* · **temere:** blindlings · **obtruncāre:** niedermachen

8 **vādere:** gehen, schreiten · **quā:** wo, wohin · **trepidus:** verwirrt · **cruentus:** blutbeschmiert · **mūcrō:** Dolch · **cum concursū ... inquit (Sb):** cum (*sc.* eum) vādentem ... concursū ... factō comprehēnsum satellitēs retrāxissent, (*sc.* C. Mūcius) dēstitutus, metuendus magis quam metuēns, inquit: ... · ***satellēs,** -itis: Leibwächter, Begleiter · **dēstituere:** hinstellen · ***minae,** -ārum: Bedrohung (*vgl.* minārī)

9 **fortia:** *sc.* facinora

10 **animōs gerere in aliquem:** Gesinnungen gegen jemand hegen · ***decus,** -oris *n:* Ehre, Auszeichnung · **proinde:** daher · ***discrīmen:** Entscheidung(skampf) · **accingī:** sich bereitmachen (*vgl.* cingere) · ***dīmicāre** (dē) + *abl.*: um etw. kämpfen · **vestibulum:** Vorhof, Eingang · **rēgia:** Königszelt

11 ***bellum indīcere:** Krieg erklären · **rēs mīhi est cum aliquō:** ich habe es mit jemand zu tun

12 **īnfēnsus:** aufgebracht · **conterrēre:** *Verstärkung zu* terrēre · **minitābundus:** 'unter heftigen Drohungen' (*vgl.* minārī) · **exprōmere:** darlegen, erklären · **properus:** schleunig, eilig (*vgl.* properāre) · **ambāgēs,** ambāgis *f:* Umweg, Zweideutigkeit; **per ambāges iacere:** 'mit rätselhaften Worten andeuten'

13 **ēn** *(Interjektion)* **tibi:** Sieh dir das an! · **inquit:** *sc.* C. Mūcius · ***vīlis:** billig, wertlos · **vidēre:** vor Augen haben · ***accendere:** anzünden · **foculus:** kleiner Opferherd, Feuerbecken · **aliēnāre:** abziehen; **velut aliēnātō ab sēnsū animō:** 'als ob er gefühllos sei gegen die Schmerzempfindung' · **torrēre:** verbrennen, versengen lassen · **prope:** *(adv.)* nahezu, fast · **attonitus:** vom Donner gerührt, bestürzt · **mīrāculum:** erstaunlicher Vorgang (*vgl.* mīrārī) · **prōsilīre:** aufspringen · **āmovēre:** entfernen · **altāria,** altārium *n:* Aufsatz des Opferherdes, Altar

14 **vērō:** *(adv.)* wahrhaftig · **hostīlia:** *n.pl. von* hostīlis: feindlich; *subst.* Feindseligkeiten · **iubērem** (*sc.* tē) **macte virtūte esse:** 'Ich würde dir zu deiner Tapferkeit gratulieren'

virtus staret; nunc iure belli liberum te, intactum inviolatumque hinc
dimitto.'
15 Tunc Mucius quasi remunerans meritum 'quando quidem', inquit, 'est
apud te virtuti honos, ut beneficio tuleris a me, quod minis nequisti:
trecenti coniuravimus principes iuventutis Romanae, ut in te hac via
16 grassaremur. mea prima sors fuit; ceteri, ut cuiusque ceciderit primi,
quoad te opportunum fortuna dederit, suo quisque tempore aderunt.'

**13** Mucium dimissum, cui postea Scaevolae a clade dextrae manus cogno-
2 men inditum, legati a Porsenna Romam secuti sunt; adeo moverat eum
et primi periculi casus, a quo nihil se praeter errorem insidiatoris texis-
set, et subeunda dimicatio totiens, quot coniurati superessent, ut pacis
3 condiciones ultro ferret Romanis. iactatum in condicionibus nequi-
quam de Tarquiniis in regnum restituendis, magis quia id negare ipse
nequiverat Tarquiniis, quam quod negatum iri sibi ab Romanis ignora-
4 ret. de agro Veientibus restituendo impetratum, expressaque necessitas
obsides dandi Romanis, si Ianiculo praesidium deduci vellent. his con-
dicionibus conposita pace exercitum ab Ianiculo deduxit Porsenna et
agro Romano excessit.
5 Patres C. Mucio virtutis causa trans Tiberim agrum dono dedere, quae
6 postea sunt Mucia prata appellata. ergo ita honorata virtute feminae
quoque ad publica decora excitatae, et Cloelia virgo, una ex obsidibus,
cum castra Etruscorum forte haud procul ripa Tiberis locata essent,
frustrata custodes dux agminis virginum inter tela hostium Tiberim
tranavit sospitesque omnes Romam ad propinquos restituit.
7 Quod ubi regi nuntiatum est, primo incensus ira oratores Romam misit
8 ad Cloeliam obsidem deposcendam: alias haud magni facere; deinde

---

**iūre bellī līberum:** frei vom Kriegsrecht, *d.h. von der entsprechenden Strafe*

15 **meritum remūnerārī:** eine Wohltat erwidern (*vgl.* mūnus) · **quandoquidem:** da ja · ***nequīre:** (*sc.* ferre) nicht können · **hāc viā** ≈ hōc modō · **grassārī:** vorgehen

16 **ut cuiusque** (*sc.* sors) **ceciderit prīmī:** in der Reihenfolge, wie das Los eines jeden fällt (*fut. II bezogen auf* erunt) · **quoad:** solange bis · **opportūnum:** *sc.* ad caedem

**13** ***clādēs,** clādis *f:* Schaden, Niederlage, Verlust · **Scaevola:** *von* scaeva *sc.* manus: linke Hand · ***cōgnōmen:** Beiname · **inditum** (*sc.* est) *von* indere ≈ dare

2 ***error:** Irrtum (*vgl.* errāre) · **īnsidiātor:** īnsidiārī (*vgl.* īnsidiae) · **(Sb):** mōverat *hat ein zweifaches Subjekt:* et cāsus … et dīmicātio · **dīmicātiōnem subīre:** einen Kampf auf sich nehmen · **ultrō:** von sich aus · **condiciōnēs:** Vertrag

3 **iactāre:** verhandeln · **nēquīquam:** vergeblich · **restituere:** wiedereinsetzen · ***nequīre:** nicht können · **negātum īrī:** *inf. fut. pass.*

4 **Veientēs:** *Einwohner der etruskischen Stadt* Veiī *nördlich von Rom* · ***impetrāre:** durchsetzen · **expressa est necessitās Rōmānis:** 'die Römer wurden gezwungen'

5 **prātum:** Wiese, Weide

6 **honōrāre:** ehren · **ad pūblica decora:** zu ehrenvollen Taten für die Gemeinschaft · **et:** und zwar · **haud procul:** unweit · **rīpā:** *abl. loc.* · **locāre** = collocāre · ***frūstrārī:** täuschen · **dux:** als Anführerin · **sōspes,** sōspitis: wohlbehalten · **restituere ad aliquem:** zu jem. zurückbringen, übergeben

7 **ōrātōrēs** ≈ lēgātī · ***dēposcere:** abverlangen, zurückfordern · **aliās** (*sc.* virginēs) **haud māgnī facere:** *(indir. Rede)* 'auf die anderen lege er wenig Wert'

in admirationem versus supra Coclites Muciosque dicere id facinus esse
et prae se ferre, quem ad modum, si non dedatur obses, pro rupto foe-
dus se habiturum, sic deditam ⟨intactam⟩ inviolatamque ad suos
remissurum.
Utrimque constitit fides: et Romani pignus pacis ex foedere restitue- 9
runt, et apud regem Etruscum non tuta solum, sed honorata etiam vir-
tus fuit, laudatamque virginem parte obsidum se donare dixit; ipsa,
quos vellet, legeret. productis omnibus elegisse inpubes dicitur, quod 10
et virginitati decorum et consensu obsidum ipsorum probabile erat,
eam aetatem potissimum liberari ab hoste, quae maxime opportuna
iniuriae esset. pace redintegrata Romani novam in femina virtutem 11
novo genere honoris, statua equestri, donavere: in summa Sacra via
posita virgo insidens equo.

## Kap. 14: Übersetzung

*Bis zu meiner Zeit hat sich unter den übrigen feierlichen Bräuchen eine von den Alten überlieferte Sitte erhalten, die zu diesem friedlichen Abzug des etruskischen Königs von Rom in Widerspruch steht: der Verkauf der Güter des Königs Porsenna.* **14**

*Der Ursprung dieser Sitte muß entweder auf den Kriegszustand zurückgehen und nach Abschluß des Vertrages beibehalten worden sein, oder sie muß sich aus einem freundlicheren Anlaß entwickelt haben, als ihn die Bezeichnung ‚Verkauf der gegnerischen Beute' nahelegt.*

*Von der Überlieferung kommt der Wahrheit am nächsten, daß Porsenna beim Abzug vom Ianiculum sein gut ausgestattetes Lager den Römern zum Geschenk gemacht habe – aus den benachbarten, fruchtbaren Landstrichen Etruriens war ja die Versorgung im Lager sichergestellt worden, während Rom damals aufgrund der langfristigen Belagerung mittellos war. Damit diese Ausstattung des Lagers nicht nach Feindesart geplündert würde, wenn erst das Volk Zutritt erhalten habe, sei sie verkauft und als ‚Güter des Porsenna' bezeichnet worden. Diese Bezeichnung bedeute freilich mehr die Gefälligkeit des Geschenkes als die Versteigerung*

---

8 ***admīrātiō:** *vgl.* admīrārī · **deinde in admīrātiōnem versus** *nimmt* prīmō incēnsus īrā *wieder auf* · **dīcere** *und* **prae sē ferre** = *hist. inf.* · **suprā Coclitēs Mūciōsque id facinus esse** = id facinus esse suprā facinora Coclitis Mūciīque · **prae sē ferre:** verkünden lassen · **quemadmodum...sīc** ≈ ut...ita: zwar...aber · **prō ruptō:** *sc.* foedere

9 **utrimque:** auf beiden Seiten · **fidēs cōnstat:** ‘das gegebene Wort wird gehalten’ · ***pīgnus,** -oris: Unterpfand, Bürgschaft · **dōnāre aliquem aliquā rē:** jmd. mit etwas beschenken; **(Sb)** *a.c.i.* (dīxit): sē virginem parte obsidum dōnāre · **ipsa legeret:** *die Aufforderung ist ebenfalls von* dīxit *abhängig*

10 ***ēligere:** auswählen · **impūbis,** -e: noch nicht erwachsen · **virginitās:** Jungfräulichkeit · ***decōrus:** geziemend (*vgl.* decus) · ***cōnsēnsus,** -ūs: Übereinstimmung · **probābilis:** zu billigen · **potissimum:** *superl. zum comp.* potius: eher, lieber · **iniūriae opportūnus:** Übergriffen ausgesetzt

11 ***redintegrāre:** wiederherstellen · ***equester:** Reiter-, zu Pferde · **in summā Sacrā viā:** *Die* via Sacra *führt über das Forum hinauf zum Capitol* · **īnsidēre:** daraufsitzen

*des königlichen Besitzes, was nicht einmal in der Macht des römischen Volkes stünde.*

*Nachdem Porsenna den Krieg gegen die Römer aufgegeben hatte, schickte er seinen Sohn Arruns mit einem Teil der Truppen zu einem Angriff auf Aricia, um den Anschein zu vermeiden, das Heer sei ohne Erfolg in diese Gegend geführt worden. Der Überraschungsangriff hatte die Einwohner von Aricia im ersten Augenblick erschüttert; dann aber wurden Hilfstruppen von den Latinern und aus Cumae herbeigeholt, und diese erweckten soviel Hoffnung, daß man eine offene Entscheidungsschlacht wagte. Zu Beginn des Kampfes waren die Etrusker mit so gewaltigem Angriff losgestürmt, daß sie die Truppen von Aricia bereits beim ersten Zusammentreffen in die Flucht schlugen. Die Abteilungen von Cumae aber setzten Taktik gegen Durchschlagskraft, wichen ein wenig aus, machten eine Schwenkung und griffen die Feinde, die ohne Ordnung an ihnen vorbeigestürmt waren, im Rücken an: So sind die Etrusker, die fast schon Sieger waren, zwischen den Fronten niedergemacht worden.*

*Ohne Führer und ohne eine nähere Möglichkeit der Zuflucht ist ein ganz geringer Teil schließlich nach Rom gelangt – waffenlos im Zustand und in der Erscheinung von Menschen, die um Hilfe flehen. Sie sind dort gütig aufgenommen und in Quartiere verteilt worden. Als ihre Wunden versorgt waren, haben sich manche als Boten der wohltätigen Gastfreundschaft auf den Heimweg gemacht; viele aber hielt die Wertschätzung ihrer Gastgeber und der Stadt in Rom. Man wies ihnen einen Wohnbezirk zu, den man später ‚Etrusker-Siedlung' genannt hat.*

**15** P. Lucretius inde et P. Valerius Publicola tertium, post eos Sp. Larcius
et T. Herminius consules facti. eo anno postremum legati a Porsenna
de reducendo in regnum Tarquinio venerunt; quibus cum responsum
esset missurum ad regem senatum legatos, missi confestim honoratissi-
2 mus quisque ex patribus: non quin breviter reddi responsum potuerit
non recipi reges, ideo potius delectos patrum ad eum missos, quam le-
gatis eius Romae daretur responsum, sed ut in perpetuum mentio eius
rei finiretur, neu in tantis mutuis beneficiis in vicem animi sollicitaren-
tur, cum ille peteret, quod contra libertatem populi Romani esset, Ro-
mani, nisi in perniciem suam faciles esse vellent, negarent, cui nihil ne-
3 gatum vellent. non in regno populum Romanum, sed in libertate esse.
ita induxisse in animum hostibus portas potius quam regibus patefa-

---

**15** **postrēmum:** *(adv.)* zum letzten Mal · **cōnfēstim:** sofort · **honōrātissimus quisque:** gerade die am meisten angesehenen

2 **nōn** (ideō) **quīn** ≈ nōn (ideō) quod nōn: nicht deshalb ..., weil nicht; *hier beginnt die indir. Rede: Die senatorischen Gesandten lehnen zunächst einen unterstellten Grund für ihr Kommen ab* (nōn ideō quod nōn), *um dann ihre Motive deutlich zu machen* (sed ut...neu) *und zu begründen* (cum). *Gedankenführung: 'Nicht aus Unfähigkeit haben wir lieber dies als jenes getan, sondern um das Eine zu bewirken und das Andere zu verhindern'* · ***respōnsum:** Antwort (*vgl.* respondēre) · **breviter:** *adv. zu* brevis · **potius...quam:** lieber als daß · ***mentiō,** -ōnis: Erwähnung, Erinnerung · ***fīnīre:** beenden · **neu** = nē-ve: und damit nicht; *verneinte Fortführung des Finalsatzes* · ***mūtuus:** gegenseitig · ***in vicem:** im Wechsel *(adv. acc.)* · **facilēs esse in perniciem suam:** leichtfertig sein zum eigenen Verderben · **(Sb) cum:** *Der Kausalsatz ist zweigliedrig:* ille peteret, quod ..., Rōmānī negārent, cui ...; *der zweite Teil wird durch den Bedingungssatz noch erweitert* · **negatum** *sc.* esse: 'dem sie nicht gern eine Absage erteilen'

3 **indūcere in animum:** sich vornehmen, entschließen · ***patefacere:** öffnen

cere; ea esse vota omnium, ut, qui libertati erit in illa urbe finis, idem
urbi sit. proinde si salvam esse vellet Romam, ut patiatur liberam esse, 4
orare.
Rex verecundia victus 'quando id certum atque obstinatum est', inquit, 5
'neque ego obtundam saepius eadem nequiquam agendo nec Tarquinios
spe auxilii, quod nullum in me est, frustrabor. alium hinc, seu bello opus
est seu quiete, exilio quaerant locum, ne quid meam vobiscum pacem
distineat.' dictis facta amiciora adiecit: obsidum quod reliquum erat, 6
reddidit, agrum Veientem foedere ad Ianiculum icto ademptum restituit.
Tarquinius spe omni reditus incisa exulatum ad generum Mamilium 7
Octavium Tusculum abiit. Romanis pax fida ita cum Porsenna fuit.

## Kap. 16–22: Inhaltsangabe

*Die Kapitel 16–22 berichten von den Ereignissen der Jahre 505–495 v. Chr.; dabei stehen die Auseinandersetzungen Roms mit den benachbarten Stämmen im Vordergrund:*
*Die Sabiner aus den Bergen nordöstlich von Rom werden zweimal überwunden; von ihnen siedelt Appius Claudius als Anführer der Friedenspartei mit seinem Anhang nach Rom über.*
*Die Aurunker, ein zur oskischen Sprachgruppe zählender Volksstamm an der Südküste Latiums, werden bei der Belagerung der abgefallenen latinischen Kolonie Pometia geschlagen (Kap. 16–17).*
*Im Jahre 501 kommt eine Verschwörung von 30 latinischen Stämmen und Gemeinden unter Octavius Mamilius gegen Rom zustande; gleichzeitig enden Verhandlungen wegen Übergriffen der Sabiner mit einer erneuten Kriegserklärung. Diese bedrohliche Situation führt dazu, daß in Rom zum ersten Mal ein 'dictator' und ein 'magister equitum' mit außerordentlichen Vollmachten eingesetzt werden (Kap. 18).*
*Die Entscheidungsschlacht an einem Kratersee bis Tusculum (Regillus lacus, 499) gegen die verbündeten Latiner, auf deren Seite auch die vertriebenen Tarquinier mitkämpfen, geht nach wechselhaftem Verlauf schließlich doch zugunsten der Römer aus. Als dann 496 auch Tarquinius Superbus in der griechischen Kolonie Cumae stirbt, fühlt sich ein Teil des römischen Adels so sicher, daß er glaubt, keine Rücksicht mehr auf die plebs nehmen zu müssen (Kap. 19–21).*
*Ein überraschender Heereszug gegen die Volsker im Süden Latiums, welche die Verschwörung der Latiner unterstützt hatten, zwingt diese zunächst dazu, sich zu unterwerfen und Geiseln zu stellen. Darauf schließen die Volsker mit dem latinischen Bergstamm der Herniker ein heimliches Bündnis gegen Rom, das jedoch von den eben erst unterworfenen Latinern an den römischen Senat verraten wird (Kap. 22).*

---

***vōtum:** Gelübde
4 **proinde** (*sc.* sē ōrāre): daher · ***salvus:** gesund, wohlbehalten
5 ***verēcundia:** Scheu, Verehrung, Achtung (*vgl.* verērī) · **quandō** + *caus. conj.*: da · **obstinātus:** (fest)entschieden · **obtundere:** stumpf machen, belästigen · **nēquīquam:** vergeblich · **frūstrārī:** täuschen · **quiēs:** friedliche Verhandlungen · **exiliō:** *dat. fin.* · ***distinēre:** trennen, verzögern
6 **foedus icere:** Bündnis schließen
7 ***incīdere:** zerschneiden, zerstören · **exulatum:** *supin. zu* exulāre: 'um in der Verbannung zu leben' · **gener, -i** *m:* Schwiegersohn · **Tūsculum:** *(acc. der Richtung) latinische Stadt südöstl. von Rom am Albaner-Gebirge*

## Der Ausbruch des Ständekampfes (Kap. 23–33,3)

**23** Sed et bellum Volscum imminebat, et civitas secum ipsa discors intes-
tino inter patres plebemque flagrabat odio maxime propter nexos ob
2 aes alienum. fremebant se foris pro libertate et imperio dimicantes
domi a civibus captos et oppressos esse tutioremque in bello quam in
pace et inter hostes quam inter cives libertatem plebis esse, invidiamque
eam sua sponte gliscentem insignis unius calamitas accendit.
3 Magno natu quidam cum omnium malorum suorum insignibus se in
forum proiecit. obsita erat squalore vestis, foedior corporis habitus pal-
4 lore ac macie perempti; ad hoc promissa barba et capilli efferaverant
speciem oris. noscitabatur tamen in tanta deformitate, et ordines du-
xisse aiebant aliaque militiae decora vulgo miserantes eum iactabant;
ipse testes honestarum aliquot locis pugnarum cicatrices adverso pec-
5 tore ostentabat. sciscitantibus, unde ille habitus, unde deformitas, cum
circumfusa turba esset prope in contionis modum, Sabino bello ait se
militantem, quia propter populationes agri non fructu modo caruerit,
sed villa incensa fuerit, direpta omnia, pecora abacta, tributum iniquo
6 suo tempore imperatum, aes alienum fecisse. id cumulatum usuris
primo se agro paterno avitoque exuisse, deinde fortunis aliis, postremo
velut tabem pervenisse ad corpus; ductum se ab creditore non in servi-

---

1 **Volscus:** *adj. zu* Volscī: *kriegerischer Stamm im Süden Latiums (am oberen Liris)* · **discors:** *Ggs. zu* *concors: einträchtig (*vgl.* *concordia – discordia) · **intestīnus:** innerlich, im Innern · ***flagrāre:** brennen, lodern · **nexus,** -i *m: Ausdruck des römischen Schuldrechts:* 'Schuldknecht', *ein Schuldner, der sich durch Darlehensvertrag gegen Schuldhaft gebunden hat und bei Zahlungsunfähigkeit verpflichtet ist, seine Schulden als Knecht im Hause des Gläubigers* (crēditor) *abzuarbeiten* · ***aes aliēnum:** Schulden

2 **fremere:** murren · ***forīs:** draußen (*vgl. Ggs.* domī) · ***dīmicāre:** kämpfen · **invidia:** Protest · **glīscere:** zunehmen, sich steigern · ***accendere** = incendere

3 **māgnō nātū** = multōs annōs nātus · ***malum:** Übel, Leiden · **īnsīgne,** -is *n:* Zeichen (*vgl.* īnsīgnis) · **sē prōicere:** laufen, stürzen · **obserere,** obsēvī, obsitus: übersäen, bedecken · **squālor:** Schmutz · ***foedus,** -a, -um: häßlich, entstellt · ***habitus:** Aussehen, Zustand · **pallor:** Blässe · **maciēs,** maciēī *f:* Auszehrung · **perimere:** zerstören

4 **prōmissus:** lang (gewachsen) · **barba:** Bart · ***capillus:** Haar · **efferāre:** wild machen, verwildern lassen · **nōscitāre:** wiedererkennen (*vgl.* nōscere) · **dēfōrmitās:** Entstellung · **ōrdō:** Abteilung *(im Heer),* Zenturie · ***decus,** decoris *n:* Ehre, Auszeichnung · **iactāre:** wiederholt erwähnen, rühmen · **miserārī:** bemitleiden, beklagen · **testēs:** *praed.* · **cicātrīx:** Wunde · **adversō pectore:** vorn auf der Brust · ***ostentāre:** *intens. zu* ostendere

5 **scīscitāre:** wissen wollen, ausfragen; **(Sb) scīscitantibus:** *sc.* eīs, unde ille habitus, unde dēfōrmitās esset, … · **circumfundī:** *inf. med.* sich um jmd. drängen · **prope:** *adv.* · **contiō:** *aus* conventiō · **(Sb) ait** *(Beginn der indir. Rede):* bellō sē militantem … aes aliēnum fēcisse, quia … dīrepta … abacta … imperātum (*sc.* fuerit) · **mīlitāre:** Kriegsdienst leisten (*vgl.* militia, mīlitāris, mīlēs) · **populātiō:** Verwüstung · ***dīripere:** plündern, zerstören · ***tribūtum:** Steuer · **inīquō suō tempore:** 'zu einem für ihn ungünstigen Zeitpunkt' · ***aes aliēnum:** Schulden

6 ***cumulāre:** aufhäufen, vermehren · **ūsūra** *f:* Gebrauch, Zins · **(Sb): id** *(sc.* aes aliēnum, *Subj.)* **cumulātum** *(part. coni.)* **sē** *(Obj.)* **exuisse agrō** *(abl. sep.)* · ***paternus:** väterlich, vom Vater · **avītus:** vom Großvater (*vgl.* avus) · **exuere aliquem aliquā rē:** ausziehen, jem. einer Sache berauben · **fortūnae:** Glücksgüter, Besitz · **tābēs,** tābis *f:* Krankheit · **crēditor:** Gläubiger (*vgl.* crēdere, *Kredit*) · ***servitium:** *vgl.* servitus

tium, sed in ergastulum et carnificinam esse. inde ostentare tergum 7
foedum recentibus vestigiis verberum.
Ad haec visa auditaque clamor ingens oritur. non iam foro se tumultus
tenet, sed passim totam urbem pervadit. nexi, vincti solutique, se undi- 8
que in publicum proripiunt, inplorant Quiritium fidem. nullo loco
deest seditionis voluntarius comes; multis passim agminibus per omnes
vias cum clamore in forum curritur.
Magno cum periculo suo, qui forte patrum in foro erant, in eam tur- 9
bam inciderunt; nec temperatum manibus foret, ni propere consules, 10
P. Servilius et Ap. Claudius, ad comprimendam seditionem intervenis-
sent. at in eos multitudo versa ostentare vincula sua deformitatemque
aliam. haec se meritos dicere exprobrantes suam quisque alius alibi mi- 11
litiam; postulare multo minaciter magis quam suppliciter, ut senatum
vocarent; curiamque ipsi futuri arbitri moderatoresque publici consilii
circumsistunt.
Pauci admodum patrum, quos casus obtulerat, contracti ab consuli- 12
bus; ceteros metus non curia modo, sed etiam foro arcebat, nec agi
quicquam per infrequentiam poterat senatus. tum vero eludi atque ex- 13
trahi se multidudo putare, et, patrum qui abessent, non casu, non
metu, sed impediendae rei causa abesse, et consules ipsos tergiversari,
nec dubie ludibrio esse miserias suas.
Iam prope erat, ut ne consulum quidem maiestas coerceret iras ho- 14
minum, cum incerti, morando an veniendo plus periculi contraherent,
tandem in senatum veniunt; frequentique tandem curia non modo inter
patres, sed ne inter consules quidem ipsos satis conveniebat. Appius, 15
vehementis ingenii vir, imperio consulari rem agendam censebat: uno

---

ergastulum: Arbeitshaus · carnificīna: Folterkammer, Pein

7 *ostentāre: (inf. hist.) intens. zu ostendere · *foedus: häßlich, entstellt · verber, -is n: Schlag · ad: auf ... hin (caus.) · nōn iam: nicht mehr · passim: (adv.) weit und breit, überall · pervādere: hindurchgehen, durchdringen

8 nexus: 'Schuldknecht' · *vincīre, vinxi, vinctum: fesseln (vgl. vinculum) · sē prōripere: (aus den Häusern) stürzen · implōrāre fidem: Beistand erbitten · Quirītes: altertümliche, besonders in religiösem und staatsrechtlichem Zusammenhang verwendete Bezeichnung der Römer · *sēditiō, -nis: Aufstand · *voluntārius: bereitwillig · comes: 'Mitläufer'

9 suō: für sie, persönlich · *incidere: hineingeraten

10 temperāre manibus: (sich der Hände enthalten): 'es wäre zu Handgreiflichkeiten gekommen' · nī = nisi · properē: eilends · comprimere ≈ opprimere · *intervenīre: einschreiten · *ostentāre ≈ ostendere; inf. hist. wie im folgenden dīcere und postulāre

11 haec sē meritōs sc. esse: ironisch · exprobrāre: vorwurfsvoll aufzählen, vorhalten · alius alibī: der eine hier, der andere dort · mināciter: drohend (vgl. minārī) · suppliciter: adv. zu *supplex: bittend · futūrī: part. fut. mit finalem Sinn · *arbiter, -trī m: Beobachter, Schiedsrichter · moderātor: Lenker

12 *admodum: ziemlich, sehr · *contrahere: zusammenziehen · īnfrequentia: geringe Zahl, Beschlußunfähigkeit (vgl. frequēns)

13 ēlūdere: zum Narren halten, hintergehen · extrahere: hinhalten · putāre: inf. hist. · tergiversārī: Vorwände suchen, zaudern · *lūdibrium: Spiel, Gespött · *miseria: Elend, Unglück

14 *māiestās: Größe, Würde · cum...veniunt: sc. reliquī patrēs · incertī...an ≈ postquam (diū) incertī fuērunt, (utrum)...an · tandem: zuletzt, doch endlich · frequentī curiā: abl. abs. · convenit: es herrscht Übereinstimmung, wird vereinbart

15 cōnsulāris: adj. · rem agendam (sc. esse): man müsse vorgehen

aut altero adrepto quieturos alios; Servilius, lenibus remediis aptior, concitatos animos flecti quam frangi putabat cum tutius tum facilius esse.

**24** Inter haec maior alius terror: Latini equites cum tumultuoso advolant nuntio Volscos infesto exercitu ad urbem oppugnandam venire. quae audita – adeo duas ex una civitate discordia fecerat – longe aliter patres
2 ac plebem adfecere. exsultare gaudio plebes; ultores superbiae patrum adesse dicere deos; alius alium confirmare, ne nomina darent: cum omnibus potius quam solos perituros; patres militarent, patres arma cape-
3 rent, ut penes eosdem pericula belli, penes quos praemia, essent. at vero curia maesta ac trepida ancipiti metu et ab cive et ab hoste Servilium consulem, cui ingenium magis populare erat, orare, ut tantis circumventam terroribus expediret rem publicam.
4 Tum consul misso senatu in contionem prodit. ibi curae esse patribus ostendit, ut consulatur plebi; ceterum deliberationi de maxima quidem illa, sed tamen parte civitatis metum pro universa re publica interve-
5 nisse. nec posse, cum hostes prope ad portas essent, bello praeverti quicquam, nec, si sit laxamenti aliquid, aut plebi honestum esse nisi mercede prius accepta arma pro patria non cepisse, aut patribus satis decorum per metum potius quam postmodo voluntate adflictis civium
6 suorum fortunis consuluisse. contioni deinde edicto addidit fidem, quo edixit, ne quis civem Romanum vinctum aut clausum teneret, quo

---

***arripere:** an sich reißen, festnehmen · ***quiēscere:** sich beruhigen, sich ruhig verhalten; **quiētūrōs** (*sc.* esse): *noch abh. von* cēnsēbat · ***remedium:** (Heil)mittel · **aptior:** eher geneigt zu · ***concitāre:** anstacheln, erregen · **cum...tum:** sowohl ... als auch noch

**24** ***terror:** Schrecken(snachricht) · **Latīnus:** *Bewohner von Latium* · **tumultuōsus:** beunruhigend · ***advolāre:** herbeieilen · ***īnfēstus:** feindlich · **quae audīta:** diese Mitteilung · ***discordia:** Zwietracht · **longē aliter ac:** bei weitem anders als · **adficere** + *acc.:* auf jem. wirken

2 ***exsultāre:** (übermütig) jubeln; *inf. hist. wie im folgenden* dīcere *und* cōnfīrmāre · **plēbēs** = plēbs · **gaudium:** *vgl.* gaudēre · ***ultor:** Rächer; ultōrēs *präd. acc.* · **nōmina dare:** Namen angeben *(für die Heeresliste)* · **cum omnibus ... (Sb):** *Die beiden folgenden Sätze sind indir. Rede, noch abh. von* dīcere *und* cōnfīrmāre · **mīlitāre:** Kriegsdienst leisten (*vgl.* mīlitia) · **penes:** *(präp.* + *acc.)* im Besitz von jem., bei jem.

3 **cūria** ≈ patres · ***maestus:** traurig, bedrückt · ***trepidus:** unsicher, verwirrt · **ingenium:** Wesensart · ***populāris:** beim Volk beliebt · **ōrāre:** *inf. hist.* · ***expedīre:** frei, handlungsfähig machen

4 **mihi cūrae est:** es liegt mir am Herzen · **cōnsulere** + *dat.:* für jem. sorgen · **cēterum:** im übrigen, aber · **dēlīberātiō:** Überlegung, Beratung · ***intervenire** + *dat.:* dazwischen-, dazukommen, unterbrechen · **(Sb):** metum dēlīberātiōnī intervēnisse

5 **prope:** *adv.,* beinahe · **essent:** *sc.* hostēs · **praevertere** + *dat.:* voranstellen · **nec...nec, aut...aut:** weder...noch...noch; **(Sb):** *Die Aussage enthält drei untereinander verbundene negative Behauptungen a)* nec posse bellō praevertī quicquam *b)* nec aut plēbī honestum esse arma prō patriā nōn cēpisse *c)* aut patribus satis decōrum per metum cōnsuluisse; *dazwischen sind jeweils Nebensätze eingeschoben* · **laxāmentum:** Erleichterung · ***mercēs,** mercēdis *f:* Lohn, Preis, Sold · **prius:** zuvor · ***decōrus:** geziemend, angemessen · **postmodo:** bald darauf · **voluntāte:** aus freiem Willen · ***afflīgere:** niederschlagen, zerstören; **adflīctae fortūnae:** Vermögensverlust, Existenzbedrohung

6 **contiō:** Rede vor der Volksversammlung · **ēdictum:** (*Rechts*)verordnung (*vgl. im selben Satz* ēdīcere) · **fidēs:** Glaubwürdigkeit · **vincīre:** fesseln · **quō minus eī...potestās fieret:** *gibt das Motiv des Gläubigers an;* 'um ihm die Gelegenheit zu nehmen...' ·

minus ei nominis edendi apud consules potestas fieret, neu quis militis, donec in castris esset, bona possideret aut venderet, liberos nepotesve eius moraretur.

Hoc proposito edicto et, qui aderant, nexi profiteri extemplo nomina, 7
et undique ex tota urbe proripientium se ex privato, cum retinendi ius creditori non esset, concursus in forum, ut sacramento dicerent, fieri.
magna ea manus fuit, neque aliorum magis in Volsco bello virtus atque 8
opera enituit.

*Die Kapitel 25 und 26 berichten von dem erfolgreichen Verlauf der Kämpfe gegen Volsker und Aurunker im Süden sowie gegen die Sabiner im Nordosten von Latium.* **25–26**

Fusis Auruncis victor tot intra paucos dies bellis Romanus promissa **27**
consulis fidemque senatus exspectabat, cum Appius et insita superbia animo et ut collegae vanam faceret fidem, quam asperrime poterat, ius de creditis pecuniis dicere. deinceps et, qui ante nexi fuerant, creditoribus tradebantur et nectebantur alii. quod ubi cui militi inciderat, colle- 2
gam appellabat. concursus ad Servilium fiebat; illius promissa iactabant; illi exprobrabant sua quisque belli merita cicatricesque acceptas. postulabant, ut aut referret ad senatum, aut ut auxilio esset consul civibus suis, imperator militibus.

Movebant consulem haec, sed tergiversari res cogebat; adeo in alteram 3
causam non collega solum praeceps erat, sed omnis factio nobilium. ita medium se gerendo nec plebis vitavit odium nec apud patres gratiam iniit. patres mollem consulem et ambitiosum rati, plebes fallacem; bre- 4
vique apparuit aequasse eum Appii odium.

---

**neu** *führt den Inhalt des Ediktes fort* · ***possīdere:** in Besitz nehmen · ***nepōs:** Enkel · **morārī:** *(trans.)* zurückhalten

7 ***profitērī:** öffentlich bekennen, angeben; *inf. hist. wie unten* fierī · ***extemplō:** auf der Stelle, sofort · **prōripere sē ex prīvātō:** aus den Häusern *(der Gläubiger)* hervorstürzen · **sacrāmentō dīcere:** nach der vorgesagten Formel den Eid des Soldaten auf den Konsul schwören

8 **ēnitēre:** hervorstrahlen, glänzen

**27** **victor:** *adj. attr. zu* Rōmānus, *erweitert durch die Angaben in der Sperrung* · **Rōmānus** ≈ Rōmāna plēbs · **prōmissum** *(subst.)* (Einlösung des) Versprechens · **cum** *(invers.)*...**dīcere** *(inf. hist.)* · **īnsitus animō** *(dat.)*: in seinem Wesen tief verwurzelt · **et...et** *verbindet Ursache* (superbiā *abl.*) *und Motiv* (ut *fin.*) *für das Handeln des App.* · ***vānus:** leer, nichtig; **fidem vānam facere:** die Vertrauenswürdigkeit zunichte machen · **pecūnia crēdita:** Darlehen · **quam asperrimē poterat:** möglichst rücksichtslos · **deinceps:** der Reihe nach · **nectere:** fesseln, in Schuldknechtschaft nehmen

2 **ubi:** sobald, immer wenn · **cui** = alicui · ***incidere:** in etwas geraten; sich ereignen · **collēgam** ≈ alterum cōnsulem · ***appellāre:** um Hilfe anrufen · **iactāre:** zur Sprache bringen · **exprobrāre:** vorhalten · **cicātrīx:** Wunde · **referre ad senātum:** auf die Tagesordnung der Senatssitzung setzen · **haec:** *n. pl., subj.*

3 **tergiversārī:** ausweichen · **rēs:** Situation · **praeceps esse in alteram causam:** eingenommen sein für die Interessen der anderen Seite · **collēga:** d.i. Appius · ***factiō:** Partei · **medium sē gerere:** eine vermittelnde Haltung einnehmen · **grātiam inīre:** sich Beliebtheit verschaffen

4 **ambitiōsus:** um die Volksgunst bemüht · **ratus:** *part. conj. zu* patrēs *und* plēbēs, *von* rērī: glauben, halten für · ***fallāx,** fallācis: unzuverlässig, heuchlerisch · **brevī:** *sc.* tempore · **aequāre:** erreichen, gleichkommen

5 Certamen consulibus inciderat, uter dedicaret Mercuri aedem. senatus a se rem ad populum reiecit: utri eorum dedicatio iussu populi data esset, eum praeesse annonae, mercatorum collegium instituere, sollemnia
6 pro pontifice iussit suscipere. populus dedicationem aedis dat M. Laetorio, primi pili centurioni, quod facile appareret non tam ad honorem eius, cui curatio altior fastigio suo data esset, factum quam ad consulum ignominiam.
7 Saevire inde utique consulum alter patresque; sed plebi creverant ani-
8 mi, et longe alia, quam primo instituerant, via grassabantur. desperato enim consulum senatusque auxilio, cum in ius duci debitorem vidissent, undique convolabant. neque decretum exaudiri consulis prae strepitu et clamore poterat, neque, cum decresset, quisquam obtempera-
9 bat. vi agebatur, metusque omnis et periculum, cum in conspectu consulis singuli a pluribus violarentur, in creditores a debitoribus verterant.
10 Super haec timor incessit Sabini belli; dilectuque decreto nemo nomen dedit furente Appio et insectante ambitionem collegae, qui populari silentio rem publicam proderet et ad id, quod de credita pecunia ius non dixisset, adiceret, ut ne dilectum quidem ex senatus consulto haberet:
11 non esse tamen desertam omnino rem publicam neque proiectum consulare imperium; se unum et suae et patrum maiestatis vindicem fore.
12 cum circumstaret cotidiana multitudo licentia accensa, arripi unum insignem ducem seditionum iussit. ille cum a lictoribus iam traheretur, provocavit; nec cessisset provocationi consul, quia non dubium erat

---

5 **dēdicāre:** einweihen · **Mercurius:** *griech. Gott des Handels (≈ Hermes), seit 495 in Rom zum Schutz des Getreideimportes aus dem griech. Süden Italiens* · ***rēicere:** zurückweisen, verweisen · ***annōna:** *(jährliche)* Getreideversorgung · **mercātōrum collēgium:** Kaufmannsgilde · **sollemnia suscipere:** Feierlichkeiten *(zur Einweihung)* ausrichten · **prō pontifice:** 'in Gegenwart des obersten Priesters'

6 **centuriō prīmī pīlī:** Führer einer Hundertschaft im obersten Rang · **quod facile appārēret:** *Potentialis der Vergangenheit* · **factum** (*sc.* esse): 'was ganz offensichtlich geschehen war' · **cūrātiō:** öffentl. Auftrag, Aufsicht · ***fastīgium:** Giebel, Gipfel; Stellung, Würde; **altior fastīgiō:** 'zu hoch für seinen Rang'

7 ***saevīre:** vor Wut toben · **utique:** jedenfalls, besonders · **plēbī crēverant animī** ≈ plēbēiōrum animus crēverat · **aliā viā grassārī:** anders vorgehen · **īnstituere:** beabsichtigen

8 **dēspērāre** + *acc.*: an etw. verzweifeln, aufgeben · **in iūs dūcere:** vor Gericht bringen · **dēbitor:** *vgl.* dēbēre, Ggs. crēditor · **convolāre:** sich zusammenrotten · ***dēcrētum:** Entscheidung, Beschluß (*vgl.* dēcernere) · **exaudīre:** deutlich hören · ***strepitus, -ūs:** Lärm, Getöse · **decrēsset** = dēcrēvisset · ***obtemperare:** Folge leisten

9 **verterant:** *reflexiv*

10 **incēdere:** einhergehen, eindringen, sich verbreiten · ***dīlēctus:** (Truppen)aushebung · ***furere:** toben (*vgl.* furor) · **īnsectārī:** verfolgen, verhöhnen · **ambitiō:** (verfehltes) Streben nach der Volksgunst · ***populāris:** volksfreundlich · **silentium:** Untätigkeit · **ad id, quod:** zu dem Umstand, daß er… · ***adicere:** hinzufügen · ***cōnsultum:** Beschluß, Maßregel · **dīlēctum habēre:** Aushebung durchführen

11 **nōn esse dēsertam**…: *indir. Rede* · ***omnīnō:** ganz und gar · ***prōicere:** vorwerfen, wegwerfen · ***māiestās:** Größe, Würde · **vindex,** vindicis: Beschützer (*vgl.* vindicāre)

12 ***circumstāre:** herum-, umherstehen · ***licentia:** Willkür, Zügellosigkeit · ***accendere** = incendere · ***arripere:** an sich reißen, verhaften · ***sēditiō:** Unruhe, Aufstand · **līctor:** *öffentl. Diener der höheren Beamten, an den Rutenbündeln* (fascēs) *erkennbar* · **prōvocāre:** Berufung beim Volk einlegen, appellieren

populi iudicium, nisi aegre victa pertinacia foret consilio magis et auc-
toritate principum quam populi clamore; adeo supererant animi ad su-
stinendam invidiam.
Crescere inde malum in dies non clamoribus modo apertis, sed, quod 13
multo perniciosius erat, secessione occultisque conloquiis. tandem in-
visi plebi consules magistratu abeunt, Servilius neutris, Appius patri-
bus mire gratus.

A. Verginius inde et T. Vetusius consulatum ineunt. tum vero plebs in- **28**
certa, quales habitura consules esset, coetus nocturnos, pars Esquiliis,
pars in Aventino facere, ne in foro subitis trepidaret consiliis et omnia
temere ac fortuito ageret.
Eam rem consules rati, ut erat, perniciosam ad patres deferunt, sed de- 2
latam consulere ordine non licuit; adeo tumultuose excepta est clamo-
ribus undique et indignatione patrum, si, quod imperio consulari exse-
quendum esset, invidiam eius consules ad senatum reicerent: profecto, 3
si essent in re publica magistratus, nullum futurum fuisse Romae nisi
publicum concilium; nunc in mille curias contionesque [cum alia in Es-
quiliis, alia in Aventino fiant concilia] dispersam et dissipatam esse rem
publicam. unum hercule virum – id enim plus esse quam consulem –, 4
qualis Ap. Claudius fuerit, momento temporis discussurum illos coetus
fuisse. correpti consules cum, quid ergo se facere vellent – nihil enim 5
segnius molliusve, quam patribus placeat, acturos –, percontarentur,
decernunt, ut dilectum quam acerrimum habeant: otio lascivire ple-
bem.

---

***aegrē:** mit Mühe, kaum · **pertinācia:** Hartnäckigkeit · **victa foret** = victa esset · **adeō supererant animi:** ‘soviel Mut war ihm geblieben’

13 ***malum:** Übel · **in diēs:** von Tag zu Tag · ***apertus:** offen · ***perniciōsus:** verhängnisvoll (*vgl.* perniciēs) · **sēcessiō:** illegale Versammlung · ***invīsus:** verhaßt (*vgl.* invidia) · **magistrātū abīre:** sein Amt niederlegen · **neutrīs:** *sc.* partibus grātus

**28** ***inīre:** beginnen, antreten · **tum verō:** da erst recht · **quālēs habitūra cōnsulēs esset:** *Konjunktiv des umschreibenden Futurs im indir. Fragesatz, abh. von* incertī · **coetus, -ūs:** Zusammenkunft · ***nocturnus:** *vgl.* nox, noctū · **Esquiliae:** *östl. Stadtteil am* mōns Esquilīnus · **Aventīnus** (*sc.* mōns): *im Süden gelegen, bes. von Plebeiern bewohnt* · **facere:** *inf. hist.* · **subitus:** überraschend (*vgl.* subitō) · ***trepidāre:** ängstlich, unschlüssig sein · ***temere:** planlos, blindlings · ***fortuītō:** zufällig

2 **dēferre ad patrēs** ≈ referre ad senātum · **tumultuōsus:** *vgl.* tumultus · **excepta est:** *sc.* rēs · **indīgnātiō:** Entrüstung (*vgl.* indīgnus) · **sī:** *statt faktischem* quod, *bei angenommenem Sachverhalt* (‘aus Entrüstung darüber, daß’) · **quod:** *rel. zu* eius · ***exsequī:** zu Grabe geleiten; verfolgen, ausführen

3 ***prōfectō:** in der Tat; **(Sb):** *Beginn der indir. Rede, abh. von* clāmor *und* indīgnātiō · **nūllum futūrum fuisse…nisī:** *Irrealis in der Abhängigkeit* ‘gäbe es in Rom nur …’ · ***dispergere:** zerstreuen, verbreiten ≈ dissipāre

4 **hercule:** *(Interjektion)* beim Hercules, wahrhaftig · **momentō temporis:** im Augenblick, in kürzester Zeit · **coetus:** Zusammenkunft · **discutere:** zerschlagen, auseinanderjagen · **discussurum fuisse:** *s.o. § 3* futūrum fuisse

5 ***corripere:** derb anfassen, angreifen · **vellent** (*sc.* patres) · ***sēgnis:** langsam, nachlässig · **mollis:** nachgiebig · **āctūrōs:** *sc.* esse · ***percontārī:** sich erkundigen, fragen · **dēcernunt:** *sc.* patrēs · **ācer:** streng · **lascīvīre:** ausgelassen, übermütig sein

6 Dimisso senatu consules in tribunal escendunt; citant nominatim
iuniores. cum ad nomen nemo responderet, circumfusa multitudo in
7 contionis modum negare ultra decipi plebem posse; numquam unum
militem habituros, ni praestaretur fides publica; libertatem unicuique
prius reddendam esse quam arma danda, ut pro patria civibusque, non
8 pro dominis pugnent. consules, quid mandatum esset a senatu, videbant, sed eorum, qui intra parietes curiae ferociter loquerentur, neminem adesse invidiae suae participem. et apparebat atrox cum plebe certamen.

9 Prius itaque quam ultima experirentur, senatum iterum consulere placuit. tum vero ad sellas consulum propere convolavere minimus quisque natu patrum, abdicare consulatum iubentes et deponere imperium, ad quod tuendum animus deesset.

**29** Utraque re satis experta tum demum consules: 'ne praedictum negetis, patres conscripti, adest ingens seditio. postulamus, ut ii, qui maxime ignaviam increpant, adsint nobis habentibus dilectum. acerrimi cuiusque arbitrio, quando ita placet, rem agemus.'
2 Redeunt in tribunal; citari nominatim unum ex iis, qui in conspectu
erant, dedita opera iubent. cum staret tacitus et circa eum aliquot hominum, ne forte violaretur, constitisset globus, lictorem ad eum consu-
3 les mittunt. quo repulso tum vero indignum facinus esse clamitantes,
qui patrum consulibus aderant, devolant de tribunali, ut lictori auxilio
4 essent. sed ab lictore nihil aliud quam prendere prohibito cum conversus in patres impetus esset, consulum intercursu rixa sedata est, in qua tamen sine lapide, sine telo plus clamoris atque irarum quam iniuriae fuerat.

---

6 **tribūnal:** erhöhte Plattform *(mit Sitz für den Magistrat)* · **ēscendere:** hinaufsteigen · **citāre:** in Bewegung setzen, aufrufen · **nōminātim:** namentlich, beim Namen (*vgl.* nōmen) · **iūnior:** *comp. zu* iuvenis: jünger · **negāre:** ablehnen · **ultrā:** *(adv.)* länger, weiterhin · ***dēcipere:** täuschen

7 numquam: *Beginn der indir. Rede* · **habitūrōs:** *sc.* esse cōnsulēs · **fidem pūblicam praestāre:** die Vertrauenswürdigkeit des Staates wiederherstellen, ein öffentliches Versprechen einlösen · ***ūnusquisque:** jeder einzelne

8 **(Sb):** *Von* vidēbant *hängen zwei satzwertige Ergänzungen ab: a) indir. Frage* quid mandātum esset ā senātū – *b)* eōrum ... nēminem adesse ... participem · ***pariēs,** -etis *f:* Wand · **particeps** + *gen.:* an etw. beteiligt, etw. gemeinsam ertragend · **suae** ≈ in sē *sc.* cōnsulēs · ***atrōx:** trotzig, erbittert

9 **ultima experīrī:** die äußersten Machtmittel einsetzen · **sella** (curūlis): Stuhl *(der oberen Beamten)* · **abdicāre:** niederlegen ≈ dēpōnere

**29** **utrāque rē satis expertā:** 'nachdem beide Standpunkte hinreichend erwogen worden waren' · **dēmum:** zuletzt, endlich · **praedictum:** Voraussage · **ignāviam *increpāre:** die Trägheit, Feigheit tadeln ***arbitrium:** Ermessen, Meinung

2 **dēditā operā:** absichtlich · ***tacitus:** schweigend · ***aliquot:** einige · **globus,** -ī: Kugel, Klumpen, Menge

3 ***repellere:** zurückstoßen, vertreiben · **tum vērō:** da erst · **clāmitāre:** *intens. zu* clāmāre

4 **prendere** = prehendere: ergreifen · **prohibitō:** *attr. zu* līctōre · ***convertere:** wenden · **intercursus,** -ūs: Dazwischentreten · **rīxa:** Streit · ***sēdāre:** zur Ruhe bringen, schlichten · ***lapis,** lapidis *m:* Stein(*wurf*)

Senatus tumultuose vocatus tumultuosius consulitur quaestionem po- 5
stulantibus iis, qui pulsati fuerant, decernente ferocissimo quoque non
sententiis magis quam clamore et strepitu. tandem cum irae resedissent, 6
exprobrantibus consulibus nihilo plus sanitatis in curia quam in foro
esse, ordine consuli coepit. tres fuere sententiae: P. Verginius rem non 7
vulgabat; de iis tantum, qui fidem secuti P. Servili consulis Volsco, Au-
runco Sabinoque militassent bello, agendum censebat. T. Largius non 8
id tempus esse, ut merita tantummodo exsolverentur; totam plebem
aere alieno demersam esse, nec sisti posse, ni omnibus consulatur;
quin, si alia aliorum sit condicio, accendi magis discordiam quam se-
dari. Ap. Claudius, et natura inmitis et efferatus hinc plebis odio, illinc 9
patrum laudibus, non miseriis ait, sed licentia tantum concitum tur-
barum, et lascivire magis plebem quam saevire. id adeo malum ex pro- 10
vocatione natum; quippe minas esse consulum, non imperium, ubi ad
eos, qui una peccaverint, provocare liceat. 'agedum', inquit, 'dictato- 11
rem, a quo provocatio non est, creemus; iam hic, quo nunc omnia ar-
dent, conticescet furor. pulset tum mihi lictorem, qui sciet ius de tergo 12
vitaque sua penes unum illum esse, cuius maiestatem violarit.'

Multis, ut erat, horrida et atrox videbatur Appi sententia; rursus Ver- **30**
gini Largique exemplo haud salubres, utique Largi [putabant senten-
tiam], quae totam fidem toleret. medium maxime et moderatum utro-

---

5 ***quaestiō:** Frage, (gerichtl.) Untersuchung (*vgl.* quaerere) · ***pulsāre:** schlagen, stoßen · **sententia:** begründete Stellungnahme · ***strepitus,** -ūs: Geräusch, Lärm

6 **tandem:** schließlich · **resīdere:** sich niedersetzen, beruhigen · **exprobrāre:** vorhalten · **sānitās:** Gesundheit, Besonnenheit, Vernunft · **cōnsulī:** *inf. pass.*

7 **nōn vulgāre:** begrenzen, beschränken · **fidem cōnsulis secūtī:** 'auf die Zusicherung des Consuls hin'

8 **T. Largius:** *sc.* cēnsēbat · **exsolvere:** bezahlen, abtragen · **tantummodo** = modo: nur · **dēmergere:** *(pass.)* versinken · ***cōnsulere** + *dat.:* sorgen für · **quīn** = quīn etiam: ja sogar · ***sēdāre:** beruhigen, beschwichtigen

9 **immītis:** *Ggs. zu* *mītis: mild, sanft · **efferāre:** *pass.* wild werden · **hinc...illinc:** von hier...von dort; einerseits...andererseits · ***miseria:** Elend, Unglück (*vgl.* miser) · ***licentia:** Zügellosigkeit, Freiheit · **tantum concitum turbārum** ≈ tantās turbās concitās esse; **concitāre:** bewegen, erregen · **lascīvīre:** übermütig sein · ***saevīre:** wüten, toben

10 ***prōvocātiō:** *(Recht des römischen Bürgers auf)* Berufung an das Volk *(gegen Maßnahmen von Beamten)* · **quippe:** denn · ***minae:** Drohungen · **esse:** *Vollverb* · ***ūnā** *(adv.)* zusammen, zugleich · ***peccāre:** sich etwas zu Schulden kommen lassen

11 **agedum:** (*imp. von* agere) *leitet eine Aufforderung ein* · ***creāre:** erschaffen, wählen · **iam:** sogleich; **(Sb):** iam hic furor, quō... · ***ardēre:** brennen · ***conticēscere:** verstummen (*vgl.* tacēre)

12 ***pulsāre:** stoßen, schlagen (*vgl.* pellere) · **iūs dē tergō:** Recht der Prügelstrafe · **penes** + *acc.:* in der Hand · ***māiestās:** Würde, Ansehen · **violārit** = violāverit

**30** ***horridus:** abstoßend, rauh · ***atrōx:** trotzig, streng · ***rursus:** andererseits · ***salūber:** gesund, heilsam (*vgl.* salūs); **Verginiī Largīque** (*sc.* sententiae) **haud salūbrēs** (*sc.* vidēbantur) · ***utique:** *(adv.)* jedenfalls, besonders · ***moderātus:** gemäßigt, besonnen · **utrōque:** *(dat.)* nach beiden Seiten

2 que consilium Vergini habebatur; sed factione respectuque rerum pri-
vatarum, quae semper offecere officientque publicis consiliis, Appius
3 vicit, ac prope fuit, ut dictator ille idem crearetur; quae res utique alie-
nasset plebem periculosissimo tempore, cum Volsci Aequique et Sabini
4 forte una omnes in armis essent. sed curae fuit consulibus et senioribus
patrum, ut imperium sua vi vehemens mansueto permitteretur ingenio:
M'. Valerium dictatorem Volesi filium creant.
5 Plebes etsi adversus se creatum dictatorem videbat, tamen, cum provo-
cationem fratris lege haberet, nihil ex ea familia triste nec superbum ti-
6 mebat. edictum deinde a dictatore propositum confirmavit animos Ser-
vili fere consulis edicto conveniens; sed et homini et potestati melius
7 rati credi omisso certamine nomina dedere. quantus nunquam ante
exercitus, legiones decem effectae; ternae inde datae consulibus, quat-
tuor dictator usus.

*In den Kapiteln 30,8–31,6 erfahren wir von den militärischen Ereignissen: Verteidigung Latiums gegen die Einfälle der Aequer aus den Bergen unter Führung des Konsuls Veturius; Schlacht gegen die Volsker im Süden und Eroberung ihrer Stadt Velitrae (später römische Kolonie) durch den Konsul Verginius; Sieg über die Sabiner aus dem Nordosten unter dem Diktator Valerius.*

**31**,7 Ita trifariam re bello bene gesta de domesticarum rerum eventu nec pa-
tribus nec plebi cura decesserat; tanta cum gratia tum arte praeparave-
rant feneratores, quae non modo plebem, sed ipsum etiam dictatorem
8 frustrarentur. namque Valerius post Vetusi consulis reditum omnium
actionum in senatu primam habuit pro victore populo rettulitque, quid
9 de nexis fieri placeret. quae cum reiecta relatio esset, 'non placeo',
inquit, 'concordiae auctor; optabitis, me dius fidius, propediem, ut mei
similes Romana plebes patrones habeat. quod ad me attinet, neque fru-
10 strabor ultra cives meos neque ipse frustra dictator ero. discordiae inte-

---

2 ***factiō:** Partei · **respectus,** -ūs: Rücksicht · **officere:** entgegenwirken, schaden
3 **aliēnāre:** verfeinden, vor den Kopf stoßen
4 **senior:** *comp. zu* senex *(adj.)* · **suā vī vehemēns imperium:** 'eine auf Grund ihrer Machtvollkommenheit übergroße Befehlsgewalt' · **mānsuētō ingeniō permittere:** einem Mann von gemäßigter Wesensart anvertrauen
5 **trīstis:** unheilvoll, gefährlich
6 **conveniēns** + *dat.:* mit etw. übereinstimmend (*vgl.* convenīre)
7 **ternī:** je(*weils*) drei
**31** **trifāriam:** *(adv.)* an drei Stellen · ***domesticus:** häuslich; **rēs domesticae:** innenpolitische Vorgänge · ***fēnerātor:** Geldverleiher, Wucherer · ***frūstrārī:** täuschen
8 **āctiō** Rede *(in einer Verhandlung)* · ***rettulitque:** *sc.* ad senātum
9 **relātiō:** Antrag · ***reicere:** zurückweisen, ablehnen · **nōn placeō:** 'Ich verweigere die Zustimmung' · **mē dīus fidius:** *Schwurformel* 'so wahr mir Gott helfe', bei Gott · **propediem:** in den nächsten Tagen · ***patrōnus:** Schutzherr, Anwalt · **quod ad mē attinet:** was mich betrifft, angeht...
10 **intestīnus:** innerlich, im Innern; *Ggs.* externus, *vgl. die nachfolgenden Adverbien* domī ≈ intestīnus; forīs ≈ externus

stinae, bellum externum fecere, ut hoc magistratu egeret res publica;
pax foris parta est, domi impeditur; privatus potius quam dictator sedi-
tioni intero.' ita curia egressus dictatura se abdicavit. apparuit causa 11
plebi, suam vicem indignantem magistratu abisse: itaque velut perso-
luta fide, quoniam per eum non stetisset, quin praestaretur, deceden-
tem domum cum favore ac laudibus prosecuti sunt.

Timor inde patres incessit, ne, si dimissus exercitus foret, rursus coetus **32**
occulti coniurationesque fierent. itaque, quamquam per dictatorem di-
lectus habitus esset, tamen, quoniam in consulum verba iurassent, sac-
ramento teneri militem rati per causam renovati ab Aequis belli educi
ex urbe legiones iussere.
Quo facto maturata est seditio. et primo agitatum dicitur de consulum 2
caede, ut solverentur sacramento; doctos deinde nullam scelere religio-
nem exsolvi, Sicinio quodam auctore iniussu consulum in Sacrum
montem secessisse – trans Anienem amnem est, tria ab urbe milia pas-
suum; ea frequentior fama est quam, cuius Piso auctor est, in Aven- 3
tinum secessionem factam esse –; ibi sine ullo duce vallo fossaque com- 4
munitis castris quieti, rem nullam nisi necessariam ad victum sumendo,
per aliquot dies neque lacessiti neque lacessentes sese tenuere.
Pavor ingens in urbe, metuque mutuo suspensa erant omnia. timere re- 5
licta ab suis plebes violentiam patrum, timere patres residem in urbe
plebem, incerti, manere eam an abire mallent: quamdiu autem tran- 6
quillam, quae secesserit, multitudinem fore? quid futurum deinde, si
quod externum interim bellum exsistat? nullam profecto nisi in concor- 7

---

**sē abdicāre** + *abl.*: sich von etw. lossagen, niederlegen (*vgl. im Folgenden* magistrātū abīre)

11 ***vicis** *f*: Wechsel, Los, Geschick; **suam vicem *indīgnārī**: um ihretwillen entrüstet sein; **indīgnantem**: *sc.* Valērium (dictātōrem) · **persolvere**: einlösen, erweisen; **velut persolūtā fide**: 'als ob er seine Zusage eingelöst hätte' · **per mē nōn stat quīn ...**: 'es liegt nicht an mir, daß nicht ...' · **praestāre** *sc.* fidem: erfüllen, für etw. einstehen · ***favor**: Gunst, Beifall · ***prōsequī**: verfolgen, geleiten

**32** ***incēdere**: einhergehen, eindringen, befallen · **foret** ≈ esset · **in verba cōnsulum iūrāre**: (*den Fahneneid* ≈ sacrāmentum) auf die Konsuln schwören; **iūrāssent**: *sc.* mīlitēs · **tenērī**: gebunden sein; **mīlitem**: *kollektiver Sing.* · **per causam**: unter dem Vorwand · ***renovāre**: erneuern, wieder aufnehmen · ***mātūrāre**: beschleunigen, sich beeilen

2 ***agitāre**: heftig betreiben, erwägen; **agitātum** *sc.* esse dīcitur ≈ mīlitēs agitāvisse dīcuntur · **doctōs** *sc.* mīlitēs ≈ mīlitēs, postquam doctī sunt nūllam...exsolvī, sēcessisse · ***religiō**: heilige Verpflichtung · ***iniussū** gegen den Befehl · ***sēcēdere**: weggehen, sich absondern · **Aniō**, Aniēnis *m*: *linker Nebenfluß des Tiber aus den Sabiner Bergen (Aniene)* · **est**: *sc.* mōns Sacer

3 **frequentior**: häufiger (überliefert) · **Pīsō**: L. Calpurnius Pīsō Frūgī *(Consul 133 v. Chr.), Verfasser einer römischen Geschichte* · **quam**: *sc.* illa fāma · **sēcessiōnem factam esse**: *Der a.c.i. gibt den Inhalt der Überlieferung bei Piso an.*

4 **commūnīre**: *Verstärkung zu* mūnīre · **vīctus**, -ūs: Lebensunterhalt · **sūmendō** ≈ sūmentēs · ***lacessere**: reizen, herausfordern · **sēsē tenēre**: sich verhalten

5 **pavor**: Furcht · ***mūtuus**: wechselseitig · **suspēnsus**: schwebend, ungewiß · **timēre**: *inf. hist.* · **violentia**: Heftigkeit, Gewalttätigkeit · **reses**, residis: zurückgeblieben · **incertī** (Sb): (patrēs) incertī, (ūtrum) māllent eam (*sc.* plēbem) manēre an abīre; *auch die beiden folgenden rhetorischen Fragen im a.c.i. sind von* incertī *abhängig zu denken.*

6 ***tranquillus**: ruhig · **futūrum** *sc.* esse: *fut. zu* fierī

7 ***profectō**: in der Tat, sicherlich

dia civium spem reliquam ducere; eam per aequa, per iniqua reconcili-
andam civitati esse.
8 Placuit igitur oratorem ad plebem mitti Menenium Agrippam, fa-
cundum virum et, quod inde oriundus erat, plebi carum. is intromissus
in castra prisco illo dicendi et horrido modo nihil aliud quam hoc nar-
9 rasse fertur: tempore, quo in homine non, ut nunc, omnia in unum
consentientia, sed singulis membris suum cuique consilium, suus sermo
fuerit, indignatas reliquas partes sua cura, suo labore ac ministerio ven-
tri omnia quaeri, ventrem in medio quietum nihil aliud quam datis vo-
10 luptatibus frui: conspirasse inde, ne manus ad os cibum ferrent, nec os
acciperet datum, nec dentes conficerent. hac ira dum ventrem fame do-
mare vellent, ipsa una membra totumque corpus ad extremam tabem
11 venisse. inde apparuisse ventris quoque haud segne ministerium esse,
nec magis ali quam alere eum reddentem in omnes corporis partes
hunc, quo vivimus vigemusque, divisum pariter in venas maturum con-
12 fecto cibo sanguinem. conparando hinc, quam intestina corporis sedi-
tio similis esset irae plebis in patres, flexisse mentes hominum.

**33** Agi deinde de concordia coeptum concessumque in condiciones, ut
plebi sui magistratus essent sacrosancti, quibus auxilii latio adversus
2 consules esset, neve cui patrum capere eum magistratum liceret. ita tri-
buni plebei creati duo, C. Licinius et L. Albinus. hi tres collegas sibi
creaverunt. in his Sicinium fuisse, seditionis auctorem; de duobus, qui
3 fuerint, minus convenit. sunt, qui duos tantum in Sacro monte creatos
tribunos esse dicant ibique sacratam legem latam.

---

**dūcere** ≈ putāre *(inf. hist.)* · **reliquam:** *sc.* esse · **eam** (*sc.* concordiam) · **per aequa, per inīqua** ≈ et aequīs et inīquīs condiciōnibus: 'um jeden Preis' · **reconciliāre:** wiederherstellen, wiedergewinnen

8 **placuit:** *sc.* patribus · **ōrātor:** 'Sprecher' · **Agrippa** *(praenomen)* **Menēnius** *(nomen gentile): nach Liv. II 16,7 Konsul des Jahres 503* · **fācundus:** redegewandt · **oriundus:** abstammend · **inde:** *d.i.* ē plēbe · **intrōmittere:** einlassen · ***prīscus:** altehrwürdig, streng · ***horridus:** rauh, ungeschliffen, schmucklos · ***fertur** + *n.c.i.:* es wird überliefert, man berichtet, daß ...

9 **omnia:** *sc.* membra · ***cōnsentīre:** übereinstimmen, einer Meinung sein · **membrum:** Glied, Körperteil · ***indīgnārī:** entrüstet sein; *davon ist ein zweifacher a.c.i. abhängig* · ***ministerium:** Dienst · ***venter,** tris *m:* Unterleib, Bauch · **quaerere:** verschaffen · **nihil aliud:** *sc.* facere

10 **cōnspīrā(vi)sse:** *sc.* reliquās partēs corporis; **cōnspīrāre:** sich verschwören · **cibus:** Speise · **dēns,** dentis *m:* Zahn · **cōnficere:** verarbeiten · ***famēs,** famis *f:* Hunger · ***domāre:** zahm machen, bezwingen · **ūnā:** zugleich · **tābēs,** is *f:* Hinsiechen, Krankheit, Schwäche

11 **sēgnis:** langsam, lässig, fruchtlos · **apparuisse (Sb):** *Von dem unpersönlichen* apparuisse *hängen zwei a.c.i.-Konstruktionen ab; die zweite ist durch eine Part.-Konstr.* eum (= ventrem) reddentem...sanguinem *erweitert. Die Akkusative* hunc...divīsum...mātūrum *mit ihren Erweiterungen sind auf das Objekt* sanguinem *zu beziehen.* · ***vigēre:** lebenskräftig, gesund sein · **vēna:** Ader · **mātūrus:** aufgefrischt, angereichert

12 **intestīnus:** innerer · **flexisse:** *sc.* Menēnium Agrippam

**33** **coeptum concessumque:** *sc.* est · **concēdere in condiciōnēs:** sich in die Vereinbarungen fügen · **sacrōsānctus:** durch religiösen Akt bestätigt, unantastbar · **auxiliī lātiō,** nis *f:* Hilfeleistung (*vgl.* auxilium ferre); *Recht der Intervention gegen Maßnahmen der Magistrate* · **capere magistrātum** ≈ magistrātum petere/inīre

2 **plēbeī:** *gen. zu* plēbēs · **fuisse:** *sc.* dicitur · **dē duōbus, quī fuerint** ≈ quī duo (aliī) fuerint · **minus convenit:** es herrscht weniger Übereinstimmung

3 **sacrāre:** *(durch einen Eid)* weihen, unverletzlich machen ·

## Cn. Marcius Coriolanus (Kap. 33,3–40)

Per secessionem plebis Sp. Cassius et Postumius Cominius consulatum 33
inierunt. his consulibus cum Latinis populis ictum foedus. ad id fe- 4
riendum consul alter Romae mansit; alter ad Volscum bellum missus
Antiates Volscos fundit fugatque, compulsos in oppidum Longulam
persecutus moenibus potitur. inde protinus Poluscam, item Volscorum, 5
cepit; tum magna vi adortus est Coriolos.
Erat tum in castris inter primores iuvenum Cn. Marcius, adulescens et
consilio et manu promptus, cui cognomen postea Coriolano fuit. cum 6
subito exercitum Romanum Coriolos obsidentem atque in oppidanos,
quos intus clausos habebat, intentum sine ullo metu extrinsecus immi-
nentis belli Volscae legiones profectae ab Antio invasissent, eodemque
tempore ex oppido erupissent hostes, forte in statione Marcius fuit. is 7
cum delecta militum manu non modo impetum erumpentium rettudit,
sed per patentem portam ferox inrupit in proxima urbis caedeque facta
ignem temere arreptum imminentibus muro aedificiis iniecit. clamor 8
inde oppidanorum mixtus muliebri puerilique ploratu ad terrorem, ut
solet, primum orto et Romanis auxit animum et turbavit Volscos, ut-
pote capta urbe, cui ad ferendam opem venerant.
Ita fusi Volsci Antiates, Corioli oppidum captum; tantumque sua laude 9
obstitit famae consulis Marcius, ut, nisi foedus cum Latinis in columna
aenea insculptum monumento esset, ab Sp. Cassio uno, quia collega
afuerat, ictum, Postumium Cominium bellum gessisse cum Volscis me-
moria cessisset.

---

3 **per:** im Verlauf, während · **sēcessiō plēbis:** Auszug der Plebs *auf den* mōns Sacer *im Jahre 494* · ***cōnsulātum inīre:** das Konsulat antreten

4 **foedus īcere:** Bündnis schließen ≈ foedus ferīre · **Latīnī:** *Bewohner der Rom umgebenden Landschaft Latium* · **Volscī:** *kriegerischer Stamm im Süden von Latium* · **Antiātēs,** -ium: Einwohner von Antium *(Anzio), Hafen der Volsker südlich von Ostia* · ***fugāre:** in die Flucht schlagen · ***compellere:** zusammentreiben · **Longula:** *Ort zwischen Antium und Rom*

5 **prōtinus:** unverzüglich, geradewegs · **Polusca:** *Kleinstadt in Latium* · **Coriolī:** *Ort der Volsker in der Nähe der alten Siedlung Ardea* · **prīmōres:** die ersten, vornehmsten · ***cōgnōmen:** Beiname

6 ***oppidānus:** Städter, Bewohner · **intus:** *(adv.)* innen, darin · **extrinsecus:** von außen, außerhalb · ***invādere:** eindringen, angreifen · **cum subitō...invāsissent (Sb):** cum V. legiōnēs exercitum R...obsidentem atque...intentum...invāsissent · ***ērumpere:** ausbrechen, herausstürzen · ***statiō** *f:* Posten

7 **retundere:** stumpf machen, niederschlagen · **in proxima:** d.i. in proximās portae partes · ***temere:** planlos, blindlings · ***arripere:** ergreifen · ***aedificium:** *vgl.* aedificāre; **imminentia mūrō aedificia:** an die Mauer angrenzende Gebäude

8 **plōrātus,** -ūs: Geschrei, Wehklagen · **ortō:** *attr. zu* plōrātū · ***turbāre:** verwirren · **utpote** *(adv. beim part.)* **capta urbe** 'da ja die Stadt *(offensichtlich)* bereits erobert war' · **cui ad ferendam opem vēnerant** ≈ cui (*sc.* urbī) auxiliō vēnerant

9 **tantum:** *(adv. acc.)* so sehr; **(Sb):** tantum ..., ut memoriā cessisset Postumium bellum gessisse, nisī foedus cum Latīnīs ab Cassiō ictum in columnā īnsculptum monūmentō esset · ***obsistere:** entgegenstehen, beeinträchtigen · ***columna aēnea:** Säule aus Erz, aus Bronze · **īnsculpere:** eingraben, einmeißeln · **monūmentō esse:** *(fin. dat.)* als Urkunde dienen · **memoriā cēdere:** aus dem Gedächtnis entschwinden

10 Eodem anno Agrippa Menenius moritur, vir omni in vita pariter patri-
11 bus ac plebi carus, post secessionem carior plebi factus. huic interpreti
arbitroque concordiae civium, legato patrum ad plebem, reductori ple-
bis Romanae in urbem sumptus funeri defuit; extulit eum plebs sextan-
tibus conlatis in capita.

**34** Consules deinde T. Geganius P. Minucius facti. eo anno, cum et foris
quieta omnia a bello essent et domi sanata discordia, aliud multo gra-
2 vius malum civitatem invasit, caritas primum annonae ex incultis per
3 secessionem plebis agris, fames deinde, qualis clausis solet. ventumque
ad interitum servitiorum utique et plebis esset, ni consules providissent
dimissis passim ad frumentum coemendum, non in Etruriam modo
dextris ab Ostia litoribus laevoque per Volscos mari usque ad Cumas,
sed quaesitum in Sicilia quoque; adeo finitimorum odia longinquis coe-
4 gerant indigere auxiliis. frumentum Cumis cum coemptum esset, naves
pro bonis Tarquiniorum ab Aristodemo tyranno, qui heres erat, reten-
tae sunt; in Volscis Pomptinoque ne emi quidem potuit; periculum
5 quoque ab impetu hominum ipsis frumentatoribus fuit. ex Tuscis fru-
mentum Tiberi venit; eo sustentata est plebs.
Incommodo bello in tam artis commeatibus vexati forent, ni Volscos
6 iam moventes arma pestilentia ingens invasisset. ea clade conterritis
hostium animis, ut etiam, ubi ea remisisset, terrore aliquo tenerentur,
et Velitris auxere numerum colonorum Romani et Norbam in montes
novam coloniam, quae arx in Pomptino esset, miserunt.
7 M. Minucio deinde et A. Sempronio consulibus magna vis frumenti ex

---

11 ***interpres,** interpretis: Erklärer, Dolmetscher · ***arbiter,** -tri *m:* Schiedsrichter, Vermittler · **reductor:** *vgl.* reducere · **sūmptus,** -ūs: Mittel · **efferre** (*sc.* ex urbe): begraben · **sextāns,** -antis *m:* Kupfermünze, 1/6 As · **in capita:** pro Kopf, Mann für Mann

**34** **forīs:** draußen, außerhalb; *Ggs.* domī · **sānāre:** heilen · ***discordia:** *vgl.* concordia · ***malum:** Übel, Elend · ***invādere:** eindringen, heimsuchen

2 **cāritās:** Teuerung · **annōna** *(jährl.)* Getreideversorgung, Getreide-Preis · ***incultus:** nicht bestellt, vernachlässigt · ***famēs** *f:* Hunger · **quālis clausīs solet:** 'wie sonst bei Belagerten üblich'

3 ***interitus,** -ūs: Untergang · ***utique:** jedenfalls, besonders · **passim:** rings umher · ***coemere:** aufkaufen · **Etrūria:** *Landschaft am Tyrrhenischen Meer zwischen Arno und Tiber* · **Ōstia:** *Hafen Roms an der Tiber-Mündung* · **laevus:** links · **Cūmae:** *älteste griech. Kolonie Italiens, nordwestl. von Neapel* · ***longinquus:** langwierig, weit entfernt · ***indigēre:** Mangel haben, bedürfen

4 **prō bonīs:** als Ersatz für den Besitz; *die Königsfamilie der Tarquinier hatte sich zuletzt zu Aristodemos, dem Tyrannen von Cumae, ins Exil begeben, wo Tarquinius Superbus inzwischen gestorben war.* · ***hērēs,** -dis *m:* Erbe · **Pomptīnus** (*sc.* ager): *Pomptinisches Gebiet in Latium, fruchtbares Kornland* · **frūmentātor:** *vgl.* *frūmentārī: Getreide beschaffen, kaufen · **Tūscī** = Etrūscī · ***sustentāre:** unterstützen, aushalten

5 ***incommodus:** ungünstig, ungelegen · **artus:** eng, knapp · ***commeātus,** -ūs: Verkehr, Einfuhr · ***vexāre:** quälen; *(pass.)* in Bedrängnis geraten · **forent** ≈ essent · **arma movēre** ≈ *arma capere · **pestilentia** = *pestis *f:* Seuche · ***clādēs,** -is *f:* Niederlage; Schaden, Unheil

6 **animōs conterrēre:** die Gemüter verwirren · **ea:** *sc.* pestilentia · **Velītrae,** -ārum: *Stadt der Volsker südöstl. von Rom* · ***colōnus:** Landwirt, Siedler · ***colōnia:** Siedlung *röm. Bürger, (später meist) altgedienter Soldaten (Veteranen)* · **Norba:** *befestigter Ort auf Hügel am Westrand der Volsker-Berge* · ***arx:** Bollwerk

7 **vīs** ≈ cōpia · **quantī:** *gen. pret.*

Sicilia advecta, agitatumque in senatu, quanti plebi daretur. multi ve- 8
nisse tempus premendae plebis putabant reciperandique iura, quae ex-
torta secessione ac vi patribus essent. in primis Marcius Coriolanus, 9
hostis tribuniciae potestatis, 'si annonam', inquit, 'veterem volunt, ius
pristinum reddant patribus. cur ego plebeios magistratus, cur Sicinium
potentem video sub iugum missus, tamquam ab latronibus redemptus?
egone has indignitates diutius patiar, quam necesse est? Tarquinium 10
regem qui non tulerim, Sicinium feram? secedat nunc, avocet plebem;
patet via in Sacrum montem aliosque colles. rapiant frumenta ex agris
nostris, quemadmodum tertio anno ante rapuere; fruantur annona,
quam furore suo fecere. audeo dicere hoc malo domitos ipsos potius 11
cultores agrorum fore, quam ut armati per secessionem coli prohibe-
ant.' haud tam facile dictu est, faciendumne fuerit, quam potuisse arbi- 12
tror fieri, ut condicionibus laxandi annonam et tribuniciam potestatem
et omnia invitis iura imposita patres demerent sibi.

Et senatui nimis atrox visa sententia est, et plebem ira prope armavit: **35**
fame se iam sicut hostes peti, cibo victuque fraudari; peregrinum fru-
mentum, quae sola alimenta ex insperato fortuna dederit, ab ore rapi,
nisi Cn. Marcio vincti dedantur tribuni, nisi de tergo plebis Romanae
satisfiat. eum sibi carnificem novum exortum, qui aut mori aut servire
iubeat. in exeuntem e curia impetus factus esset, ni peropportune tri- 2
buni diem dixissent. ibi ira est suppressa: se iudicem quisque, se do-
minum vitae necisque inimici factum videbat.
Contemptim primo Marcius audiebat minas tribunicias: auxilii, non 3
poenae ius datum illi potestati, plebisque, non patrum tribunos esse.
sed adeo infensa erat coorta plebs, ut unius poena defungendum esset

---

8 ***recuperāre:** wiedererlangen · **extorquēre:** entwinden, abringen

9 **prīstinus:** früher, ehemalig · **Sicinius:** *Anführer der* sēcessiō plēbis *und einer der ersten Volkstribunen* · **sub iugum mittere:** zum Sklaven machen · ***redimere:** loskaufen

10 **indīgnitās:** *vgl.* indīgnus · ***sēcēdere:** ausziehen · **quem ad modum** ≈ *ut* + *ind.*

11 ***domāre:** zähmen, bezwingen · **cultor:** *vgl.* colere · **(potius...quam) ut...prohibeant:** *Der Konsekutivsatz bildet den 2. Teil des Vergleichs*

12 *‚Die Entscheidung darüber, ob man dies hätte tun sollen, ist nicht einfach. Aber ich halte es durchaus für möglich, daß sich die Väter unter der Bedingung günstigerer Preise von der tribunizischen Gewalt und allen ihnen aufgedrängten Pflichten hätten freimachen können.'* (Übers. v. J. Feix, Titus Livius, *Römische Frühgeschichte I,* München 1962, S. 109)

**35** ***nimis atrōx:** allzu streng · ***armāre:** bewaffnen, zu den Waffen greifen lassen · **prope** ≈ paene · **(Sb):** *Mit* fame *beginnen die aus* īra *abzuleitenden zornigen Äußerungen der* plēbs *(or. obl.):* **fame petere:** mit Hunger *(als Waffe)* bekämpfen · ***cibus:** Speise · ***vīctus:** Lebensweise, Nahrung (*vgl.* vīvere) · **fraudāre:** betrügen, berauben (*vgl.* fraus) · ***peregrīnus:** fremd, auswärtig · ***alimentum:** Nahrungsmittel (*vgl.* alere) · **īnspērātus:** unverhofft (*vgl.* spērāre) · ***vincīre:** fesseln · ***satisfacere:** genugtun; 'wenn ihm nicht auf dem Rücken des Volkes Genugtuung würde' · **sibi:** *sc.* plēbī · **carnifex:** Henker · **exorīrī** = orīrī

2 **in exeuntem:** *sc.* Marcium · **peropportūnē:** zu seinem großen Glück · **diem** *(f!)* **dīcere:** den (Gerichts-)Termin festsetzen · **supprimere** = opprimere · ***nex,** necis *f: (gewaltsamer)* Tod · **contemptim:** *(adv.)* mit Verachtung (*vgl.* contemnere) · ***minae,** -ārum: Drohungen

3 **īnfēnsus:** erbost, feindselig · **coorta erat:** *(Prädikat) von:* coorīrī: sich erheben, empören · **dēfungī:** zu Ende bringen, davonkommen · **patribus:** *dat. auct.*

4 patribus. restiterunt tamen adversae invidiae usique sunt qua suis quis-
que, qua totius ordinis viribus. ac primo temptata res est, si dispositis
clientibus absterrendo singulos a coitionibus conciliisque disicere rem
5 possent. universi deinde processere – quidquid erat patrum, reos dice-
res – precibus plebem exposcentes, unum sibi civem, unum senatorem,
6 si innocentem absolvere nollent, pro nocente donarent. ipse cum die
dicta non adesset, perseveratum in ira est. damnatus absens in Volscos
exsulatum abiit minitans patriae hostilesque iam tum spiritus gerens.
Venientem Volsci benigne excepere benigniusque in dies colebant, quo
maior ira in suos eminebat, crebraeque nunc querellae, nunc minae
7 percipiebantur. hospitio utebatur Atti Tulli. longe is tum princeps
Volsci nominis erat Romanisque semper infestus. ita cum alterum vetus
odium, alterum ira recens stimularet, consilia conferunt de Romano
8 bello. haud facile credebant plebem suam impelli posse, ut totiens infe-
liciter temptata arma caperent: multis saepe bellis, pestilentia postremo
amissa iuventute fractos spiritus esse; arte agendum in exoleto iam ve-
tustate odio, ut recenti aliqua ira exacerbarentur animi.

**36** *In Rom wurden zu diesem Zeitpunkt gerade die Großen Spiele zu Ehren des Iuppiter wiederholt, die der Senat großartig ausstatten ließ. Die Wiederholung war notwendig geworden, weil die kultische Feier durch die Anwesenheit eines Sklaven, der am Morgen vor Beginn des Festes ausgepeitscht worden war, eine rituelle Befleckung erfahren hatte (Kap. 36).*

**37** Ludi quam amplissimi ut fierent, senatus decrevit. ad eos ludos
2 auctore Attio Tullio vis magna Volscorum venit. priusquam com-
mitterentur ludi, Tullius, ut domi compositum cum Marcio fuerat, ad

---

4 **quā...quā:** teils...teils · **ōrdō:** *sc.* senātōrius · **temptāre sī:** versuchen, ob... · ***dispōnere:** verteilen · **cliēns,** -ntis: Schutzbefohlener *(im Dienst eines Patriziers)* · **absterrēre** = *dēterrēre: abschrecken · **coitiō:** *vgl.* *coīre: zusammenkommen · **disicere:** zerstreuen, vereiteln · **possent:** *sc.* patres; *ebenso Subjekt des folgenden* ūniversī...processēre

5 **quidquid erat patrum, reōs dīcerēs:** 'was da an Senatoren auftrat, hätte man (eher) Angeklagte nennen können' · **exposcere:** *Verstärkung zu* poscere · ***absolvere:** freisprechen · **sibi ... prō nocente dōnāre:** ihnen zuliebe als schuldig begnadigen ·

6 ***persevērāre:** beharren auf · **exulātum:** *supin. zu* exsulāre: in der Verbannung leben · **minitārī:** *intens.* zu minārī · **hostīlēs spīritūs gerere:** feindliche Gesinnung hegen · ***benīgnus:** gütig, freundlich; **benīgnius in diēs colere:** von Tag zu Tag freundlicher behandeln · ***ēminēre:** in die Augen fallen · ***querēl(l)a:** Beschwerde, Klage (*vgl.* querī) · ***percipere:** auffassen, vernehmen

7 ***hospitium:** Gastfreundschaft, Herberge · ***īnfēstus:** feindlich gesinnt · **stimulāre:** beunruhigen, antreiben · **cōnsilia cōnferre:** Absichten austauschen, besprechen

8 **haud facile:** *adv. zu* ***impellere:** anstoßen, veranlassen · ***spīritus:** Hauch, Begeisterung · **ars:** Kunstgriff, List · **exolēscere:** vergehen · **vetustās:** (*vgl.* vetus) · **exācerbāre:** 'anspitzen', außer sich bringen

**37** **Lūdī** (māgnī): die großen Zirkusspiele *mit sportlichen und militärischen Wettkämpfen (Mars-Kult)* · **vīs māgna** ≈ māgnus numerus

2 **compōnere:** verabreden · **esse, quae:** 'es gebe Angelegenheiten, die...' · ***sēcrētus:** abgelegen, geheim

consules venit; dicit esse, quae secreto agere de re publica velit. arbitris 3
remotis 'invitus', inquit, 'quod sequius sit, de meis civibus loquor. non
tamen admissum quicquam ab iis criminatum venio, sed cautum, ne
admittant. nimio plus, quam velim, nostrorum ingenia sunt mobilia. 4
multis id cladibus sensimus, quippe qui non nostro merito sed vestra 5
patientia incolumes simus. magna hic nunc Volscorum multitudo est;
ludi sunt; spectaculo intenta civitas erit. memini, quid per eandem oc- 6
casionem ab Sabinorum iuventute in hac urbe commissum sit; horret
animus, ne quid inconsulte ac temere fiat. haec nostra vestraque causa
prius dicenda vobis, consules, ratus sum. quod ad me attinet, extemplo 7
hinc domum abire in animo est, ne cuius facti dictive contagione prae-
sens violer.' haec locutus abiit.
Consules cum ad patres rem dubiam sub auctore certo detulissent, auc- 8
tor magis, ut fit, quam res ad praecavendum vel ex supervacuo movit,
factoque senatus consulto, ut urbe excederent Volsci, praecones dimit-
tuntur, qui omnes eos proficisci ante noctem iuberent. ingens pavor 9
primo discurrentes ad suas res tollendas in hospitia perculit; proficis-
centibus deinde indignatio oborta, se ut consceleratos contaminatos-
que ab ludis, festis diebus, coetu quodam modo hominum deorumque
abactos esse.

Cum prope continuato agmine irent, praegressus Tullius ad caput Fe- **38**
rentinum, ut quisque veniret, primores eorum excipiens querendo indi-
gnandoque et eos ipsos sedulo audientes secunda irae verba et per eos
multitudinem aliam in subiectum viae campum deduxit. ibi in contionis 2

---

3 ***arbiter**, -trī: Schiedsrichter, Zeuge · **quod sequius sit:** 'was ziemlich befremdend erscheinen könnte' · ***admittere:** begehen; (*Objekt zu* crīminātum) · **crīminārī:** anklagen; *supin. wie* cautum: um anzuklagen; um vorzubeugen

4 **nimiō plūs quam vellem:** im Übermaß mehr als ich möchte = 'mir leider allzusehr' · ***mōbilis:** beweglich, unberechenbar

5 ***clādēs** *f:* Schaden, Niederlage · **quippe quī:** *(caus. Relativsatz)* 'zumal da wir...' · ***patientia:** Ausdauer, Geduld, Nachsicht · **intentus** + *dat.:* gespannt, hingegeben

6 **horrēre, nē:** fürchten, daß · ***temere:** planlos · **incōnsultus:** unbedacht (*vgl.* cōnsulere) · **nostrā vestrāque causā:** 'in unser beider Interesse'

7 **quod ad mē attinet:** 'was mich betrifft' · ***extemplō:** auf der Stelle, sofort · **-ve** = vel · **contāgiō:** Berührung, Betroffensein · **violārī:** in Gewalttätigkeiten verwickelt werden

8 ***dubius:** bedenklich · ***auctor:** Gewährsmann · **praecavēre:** Vorsichtsmaßnahmen treffen · **vel ex supervacuō:** 'auch ohne ausreichenden Grund' · **praecō**, -ōnis *m:* Herold

9 ***pavor:** Furcht · **percellere:** erschrecken, bestürzt machen; *Objekt ist* discurrentēs · **indīgnātiō:** Entrüstung (*vgl.* indīgnus, indīgnārī) · **oborīrī** + *dat.:* über jemanden kommen · **cōnscelerātus:** Verbrecher (*vgl.* scelus) · **contāmināre:** beflecken, entweihen · **diēs fēstus:** Fest, Feier · **coetus:** Zusammenkunft, Gemeinschaft · **abigere:** vertreiben, ausschließen

**38** **continuātus:** zusammenhängend, geschlossen · **praegredī:** vor-, vorausgehen · **caput Ferentīnum:** Ferentinische Quelle *am Fuße der Albaner Berge* · **venīret:** *sogen. iterat. Konj.* · **sēdulus:** aufmerksam, begierig · **secunda īrae verba:** 'Worte, die ihre Erregung schürten' · **subiectum viae:** an der (aufgeschütteten) Straße gelegen · **prīmores:** die ersten · **indīgnārī:** sich entrüsten, seiner Empörung Ausdruck geben

modum orationem exorsus 'ut omnia', inquit, 'obliviscamini alia, hodiernam hanc contumeliam quo tandem animo fertis, qua per nostram
3 ignominiam ludos commisere? an non sensistis triumphatum hodie de vobis esse? vos omnibus, civibus, peregrinis, tot finitimis populis spectaculo abeuntes fuisse? vestras coniuges, vestros liberos traductos per
4 ora hominum? quid eos, qui audivere vocem praeconis, quid, qui nos videre abeuntes, quid eos, qui huic ignominioso agmini fuere obvii, existimasse putatis, nisi aliquod profecto nefas esse, quod, si intersimus spectaculo, violaturi simus ludos piaculumque merituri, ideo nos ab
5 sede piorum, coetu concilioque abigi? quid deinde? illud non succurrit, vivere nos, quod maturarimus proficisci? si hoc profectio et non fuga est. et hanc urbem vos non hostium ducitis, ubi, si unum diem morati essetis, moriendum omnibus fuit? bellum vobis indictum est magno
6 eorum malo, qui indixere, si viri estis.' ita et sua sponte irarum pleni et incitati domos inde digressi sunt instigandoque suos quisque populos effecere, ut omne Volscum nomen deficeret.

**39** Imperatores ad id bellum de omnium populorum sententia lecti Attius Tullius et Cn. Marcius, exul Romanus, in quo aliquanto plus spei repo-
2 situm. quam spem nequaquam fefellit, ut facile appareret ducibus validiorem quam exercitu rem Romanam esse. Circeios profectus primum colonos inde Romanos expulit liberamque eam urbem Volscis tradidit;
3 inde in Latinam viam transversis tramitibus transgressus Satricum, Longulam, Poluscam, Coriolos, novella haec Romanis oppida ademit;
4 inde Lavinium recepit; tum deinceps Corbionem, Viteliam, Trebium,

---

2 ***(ex)ordīri:** anfangen, beginnen · **ut:** *konzessiv* · **hodiernus:** *vgl.* hodiē · ***contumēlia:** Schmach, Schande · **quō tandem animō:** 'in welcher Haltung…denn' · **quā per nostram īgnōminiam:** 'mit der sie zu unserer Schande…'

3 ***triumphāre:** Triumph(zug) feiern · ***peregrīnus:** fremd, auswärtig · **spectāculō esse:** ein Schauspiel bieten · **trādūcere:** vor(über)führen

4 **(Sb):** quid putātis existimāsse eōs, quī …, nisī *a)* aliquod nefās esse, quod… *b)* ideō nōs abigī. (*Die beiden a.c.i.-Konstruktionen sind Objekte zu* existimare) · **quid … nisi:** was anderes … als · **obviī fuēre** = obviam ierunt · ***profectō:** in der Tat, sicherlich · **quod:** *erläutert* ***nefas:** Frevel (gegen die Götter) · **interesse** + *dat.:* an etw. teilnehmen · **violare:** entweihen · **piāculum:** Sühneopfer · **merēre:** verschulden · **sēdēs:** Wohnstätte

5 **succurere:** in den Sinn kommen *mit folg. a.c.i.* · **mātūrārimus** = mātūrāverimus *(Konjunktiv);* ***mātūrāre:** sich beeilen · ***profectio:** *vgl.* proficīscī · **hanc urbem hostium** *(gen.)* **dūcere:** diese Stadt als die von Feinden ansehen · ***bellum indīcere:** den Krieg erklären · **māgnō malō:** *(abl. modi)* 'zum großen Schaden'

6 **plēnī et incitātī:** *sc.* Volscī dīgressī sunt · **instīgāre:** antreiben, aufhetzen · ***dēficere** *sc.* ā Rōmānīs: von jem. abfallen = sich gegen die Römer wenden · **omne Volscum nōmen:** 'alles, was den Namen Volsker trug'

**39** **lēctī** = ēlēctī, *ēligere: auswählen · ***exul:** Verbannter (*vgl.* exilium) · **aliquantō plūs speī** (*sc.* quam in Attiō Tulliō)

2 ***nēquāquam:** keineswegs · **Circeī,** -ōrum: *Dieser und die im folgenden genannten Orte* (Satricum, Longula, Polusca, Corioli, Corbio, Vetelia, Trebium, Labici, Pedum) *liegen im südlichen und mittleren Latium und markieren Coriolans Marsch auf Rom* · ***colōnus:** Siedler

3 **via Latīna:** *alte röm. Heerstraße von Rom nach Südosten bis Capua* · **trāmes trānsversus:** *(zwischen den großen Ausfallstraßen Roms verlaufender)* Querweg · **novellus:** neugewonnen

4 **recipere:** zurückerobern, in Besitz nehmen

Labicos, Pedum cepit. postremum ad urbem a Pedo ducit et ad fossas 5
Cluilias quinque ab urbe milia passuum castris positis populatur inde
agrum Romanum custodibus inter populatores missis, qui patriciorum 6
agros intactos servarent, sive infensus plebi magis, sive ut discordia
inde inter patres plebemque oreretur.
Quae profecto orta esset – adeo tribuni iam ferocem per se plebem cri- 7
minando in primores civitatis instigabant –, sed externus timor, ma-
ximum concordiae vinculum, quamvis suspectos infensosque inter se
iungebat animos. id modo non conveniebat, quod senatus consulesque 8
nusquam alibi spem quam in armis ponebant, plebes omnia quam
bellum malebat.
Sp. Nautius iam et Sex. Furius consules erant. eos recensentes legiones, 9
praesidia per muros aliaque, in quibus stationes vigiliasque esse placue-
rat, loca distribuentes multitudo ingens pacem poscentium primum se-
ditioso clamore conterruit, deinde vocare senatum, referre de legatis ad
Cn. Marcium mittendis coegit. acceperunt relationem patres, post- 10
quam apparuit labare plebis animos, missique de pace ad Marcium
oratores. atrox responsum rettulerunt: si Volscis ager redderetur, posse 11
agi de pace; si praeda belli per otium frui velint, memorem se et civium
iniuriae et hospitum beneficii adnisurum, ut appareat exilio sibi inrita-
tos, non fractos animos esse. iterum deinde iidem missi non recipiuntur 12
in castra. sacerdotes quoque suis insignibus velatos isse supplices ad ca-
stra hostium traditum est; nihilo magis quam legatos flexisse animum.

Tum matronae ad Veturiam, matrem Coriolani, Volumniamque **40**
uxorem frequentes coeunt. id publicum consilium an muliebris timor
fuerit, parum invenio; pervicere certe, ut et Veturia, magno natu 2
mulier, et Volumnia duos parvos ex Marcio ferens filios secum in castra

---

5 **ad urbem:** *sc.* Romam exercitum ducit · **fossae Cluiliae:** *Wasserlauf der röm. Campagna* · ***populārī:** verwüsten

6 **agrōs intāctōs servāre:** unversehrt lassen · **sīve...sīve:** *die beiden möglichen Motive für sein Vorgehen* · **īnfēnsus** (*sc.* Coriolānus) + *dat.*: aus Feindseligkeit gegen jem.

7 **crīminārī:** anklagen, Vorwürfe machen · **in prīmōrēs īnstīgāre:** gegen die führenden Männer aufhetzen · **externus:** *vgl.* extrā · **quamvīs suspectōs...inter sē** ≈ quamvīs inter sē suspectī et īnfēnsī essent *(konzessiv)*

8 **id modo nōn conveniēbat, quod ...:** 'nur darin konnte man sich nicht einigen, daß einerseits der Senat ... andererseits die Plebs ...' · **nusquam alibī ... quam:** nur

9 **iam:** nunmehr · ***recēnsēre:** mustern · ***statio** *f.*: Wachposten · **aliaque:** *zu* loca (in quibus) · **sēditiōsus:** aufrührerisch · **conterrēre:** in heftigen Schrecken versetzen · **referre** (*sc.* ad senātum): eine Vorlage einbringen (*vgl.* relātiō § 10)

10 **labāre:** schwanken, zum Aufruhr neigen · **ōrātor:** Sprecher

11 ***memor,** -ris + *gen.*: in Erinnerung an etw. · **adnītī:** sich einsetzen · **inrītāre:** reizen · **animōs:** 'sein Mut'

12 ***vēlāre:** verhüllen, bekleiden; **suīs īnsīgnibus v.:** 'mit ihrem Ornat bekleidet' · ***supplex:** demütig bittend, als Bittsteller · **flexisse:** *sc.* sacerdōtēs animum *sc.* eius

**40** ***mātrōna:** verheiratete Frau · ***coīre:** zusammenkommen · **id...(Sb):** (ūtrum) id pūblicum cōnsilium an...fuerit · ***muliebris:** weiblich · **parum inveniō:** 'kann ich (in meinen Quellen) kaum feststellen'

2 **pervīcēre** *sc.* mātrōnae **certē, ut...:** 'Die Frauen setzten jedenfalls durch, daß...' · **māgnō nātū** ≈ multōs annōs nātus

hostium irent, et, quoniam armis viri defendere urbem non possent,
mulieres precibus lacrimisque defenderent.
3 Ubi ad castra ventum est nuntiatumque Coriolano est adesse ingens
mulierum agmen, primo, ut qui nec publica maiestate in legatis nec in
sacerdotibus tanta offusa oculis animoque religione motus esset, multo
4 obstinatior adversus lacrimas muliebres erat. dein familiarium quidam,
qui insignem maestitia inter ceteras cognoverat Veturiam inter nurum
nepotesque stantem, 'nisi me frustrantur', inquit, 'oculi, mater tibi co-
niunxque et liberi adsunt.'
5 Coriolanus prope ut amens consternatus ab sede sua cum ferret matri
obviae complexum, mulier in iram ex precibus versa 'sine, priusquam
complexum accipio, sciam', inquit, 'ad hostem an ad filium venerim,
6 captiva materne in castris tuis sim. in hoc me longa vita et infelix se-
necta traxit, ut exulem te, deinde hostem viderem? potuisti populari
7 hanc terram, quae te genuit atque aluit? non tibi, quamvis infesto
animo et minaci perveneras, ingredienti fines ira cecidit? non, cum in
conspectu Roma fuit, succurrit: intra illa moenia domus ac penates mei
8 sunt, mater, coniunx liberique? ergo ego nisi peperissem, Roma non
oppugnaretur; nisi filium haberem, libera in libera patria mortua
essem. sed ego nihil iam pati nec tibi turpius nec mihi miserius possum
nec, ut sum miserrima, diu futura sum; de his videris, quos, si pergis,
9 aut immatura mors aut longa servitus manet.' uxor deinde ac liberi am-
plexi, fletusque ab omni turba mulierum ortus et comploratio sui pa-
triaeque fregere tandem virum.
10 Complexus inde suos dimittit; ipse retro ab urbe castra movit. abductis
deinde legionibus ex agro Romano invidia rei oppressum perisse tra-
dunt alii alio leto.

---

3 **ut quī:** als ein solcher, der = da er ja · ***māiestās:** Würde · **offundī** + *dat.*: entgegentreten · **religiō:** Appell an seine religiöse Bindung *(gegenüber den Göttern der Vaterstadt)* · **obstinātus:** unbeugsam

4 **maestitia:** Trauer, Betrübnis · **nurus,** -ūs *f:* Schwiegertochter · ***nepōs,** -ōtis *m:* Neffe, Enkel · ***frūstrārī:** täuschen

5 **cōnsternāre:** erschrecken, bestürzt machen · ***complexus,** -ūs: Umarmung; **complexūs ferre** ≈ *complectī velle · **mātrī obviae** ≈ mātrī obviam euntī · **sīne sciam** (*sc.* utrum) **... an:** laß zu, daß ich weiß = laß mich wissen, ob ... · **captīva māterne** = ūtrum captīva an māter sim (-ne ≈ an)

6 **in hoc ..., ut:** dazu ..., daß · ***īnfēlīx:** unglücklich · **senecta** = senectus · ***exul:** *vgl.* exilium · ***populārī:** verwüsten · ***gignere:** hervorbringen, erzeugen

7 **tibī:** *zu* ingredientī fīnēs · ***īnfēstus:** feindselig · **mināx,** -cis: drohend · **cadere:** schwinden · **succurrere** (*sc.* animo) in den Sinn kommen · **penātēs,** -ium *m:* Schutzgötter der Familie und des Staates

8 **nihil iam:** nichts mehr · **dē hīs vidēris:** *(Konjunktiv Perfekt)* 'Wegen diesen hier magst du zusehen' · **quos ... manet:** manēre: erwarten · **immātūrus:** frühzeitig

9 **amplectī** = *complecti: umarmen; amplexi: *sc.* sunt eum · ***flētus,** -ūs: Weinen (*vgl.* *flēre, flēvi, flētum) · **complōrātiō:** laute Klage

10 **suōs:** *Obj. zu* complexūs *und* dimittit · **retrō:** *(adv.)* zurück; **retrō movēre** = removēre · **invidia reī** (*sc.* Coriolānum) **oppressum perīsse trādunt aliī aliō lētō:** 'aus Erbitterung (der Volsker) über seine Handlungsweise soll er beseitigt worden sein; die verschiedenen Quellen geben jeweils eine andere Todesart an'. · **lētum** = mors

# Aus Buch V

## Der Angriff der Gallier auf das Capitol (Kap. 47)

*In der Zeit der Bedrohung Roms durch die Gallier, die im Jahre 387 v. Chr. sogar das Capitol belagerten, haben sich zwei Angehörige der* gens Manlia *besondere Verdienste erworben: Marcus Manlius bei der Verteidigung des Capitols und Titus Manlius (360 v. Chr.) im Einzelkampf an der Brücke über den Anio.*

Dum haec Veis agebantur, interim arx Romae Capitoliumque in in- **V, 47**
genti periculo fuit. namque Galli, seu vestigio notato humano, qua 2
nuntius a Veis pervenerat, seu sua sponte animadverso ad Carmentis
saxo ascensu aequo, nocte sublustri, cum primo inermem, qui tempta-
ret viam, praemisissent, tradentes inde arma, ubi quid iniqui esset, al-
terni innixi sublevantesque in vicem et trahentes alii alios, prout postu-
laret locus, tanto silentio in summum evasere, ut non custodes solum 3
fallerent, sed ne canes quidem, sollicitum animal ad nocturnos strepi-
tus, excitarent. anseres non fefellere, quibus sacris Iunonis in summa 4
inopia cibi tamen abstinebatur.
Quae res saluti fuit: namque clangore eorum alarumque crepitu excitus
M. Manlius, qui triennio ante consul fuerat, vir bello egregius, armis
arreptis simul ad arma ceteros ciens vadit et, dum ceteri trepidant,
Gallum, qui iam in summo constiterat, umbone ictum deturbat. cuius 5
casus prolapsi cum proximos sterneret, trepidantes alios armisque
omissis saxa, quibus adhaerebant, manibus amplexos trucidat. iamque
et alii congregati telis missilibusque saxis proturbare hostes, ruinaque
tota prolapsa acies in praeceps deferri.

---

**47** **haec:** *Gemeint sind die Verhandlungen zwischen der römischen Besatzung von Veii, wo sich die von den Galliern versprengte Landbevölkerung gesammelt hatte, und den Senatoren auf dem eingeschlossenen Capitol wegen der Bestellung des Camillus, der in Ardea in Verbannung lebte, zum Diktator im Kampf gegen die Gallier* · **Veiīs:** *abl. loc. von* Veiī, -ōrum: *südlichster Ort von Etrurien, ca. 20 km nördlich von Rom*

2 **notāre:** kennzeichnen, bemerken · **ad** (*sc.* templum) **Carmentis:** Carmentis, -is *f: 'Prophetin', altitalische Gottheit mit Tempel am südlichen Abhang des Capitols* · *__ascēnsus, -ūs:__ *vgl.* ascendere · **sublūstris:** (mond)hell · *__inermis:__ Ggs. armātus · **alternus:** abwechselnd, gegenseitig · **innīxus:** *von* in-nītī: sich aufstützen · *__sublevāre:__ aufrichten, unterstützen · *__in vicem:__ im Wechsel · **pro-ut:** so wie, je nachdem

3 **in summum:** *sc.* montem · *__ēvādere:__ herauskommen, hinaufgelangen · *__canis__, -is *m:* Hund · *__sollicitus:__ unruhig, aufmerksam (*vgl.* sollicitāre) · *__nocturnus:__ *vgl.* nox · *__strepitus__, -ūs: Geräusch, Lärm

4 **ānser** *m:* Gans *(der Juno heilig)* · **cibus:** Nahrung, Speise · **abstinērī** + *abl.:* sich einer Sache enthalten, jem. schonen · **clangor:** Geschrei · *__āla:__ Flügel · **crepitus,** -ūs: Geräusch des (Flügel-)schlagens · **excīre:** aufscheuchen (*vgl.* excitāre ē somnō) · **triennium:** (Zeitraum von) drei Jahre(n) · *__arripere:__ an-sich-reißen · **ciēre,** cieō, cīvī, citus: wachrütteln · **vādere:** gehen · *__trepidāre:__ ängstlich, unschlüssig sein · **umbō** *m:* Schildbuckel · **ictum:** *part. coni. zu* Gallum, *von* *icere: (mit Stoß oder Schlag) treffen · **dēturbāre:** hinabstoßen

5 **prōlāpsī:** *part. conj. zu* cuius, *von* prōlābī: hinabtaumeln · **adhaerēre** + *dat.:* an etwas hängen · *__amplectī:__ umklammern · **trucīdāre:** niedermachen · *__congregāre:__ versammeln · **missile saxum:** Schleuderstein · **prōturbāre** ≈ dēturbāre, *inf. hist.* · **prōlābī:** abgleiten · **in praeceps dēferrī:** in den Abgrund stürzen

6 Sedato deinde tumultu reliquum noctis, quantum in turbatis mentibus poterat, cum praeteritum quoque periculum sollicitaret, quieti datum est.

7 Luce orta, vocatis classico ad concilium militibus ad tribunos, cum et recte et perperam facto pretium deberetur, Manlius primum ob virtutem laudatus donatusque non ab tribunis solum militum sed consensu
8 etiam militari; cui universi selibras farris et quartarios vini ad aedes eius, quae in arce erant, contulerunt – rem dictu parvam, ceterum inopia fecerat eam argumentum ingens caritatis, cum se quisque victu suo fraudans detractum corpori atque usibus necessariis ad honorem unius viri conferret.

9 Tum vigiles eius loci, qua fefellerat ascendens hostis, citati; et cum in omnes more militari se animadversurum Q. Sulpicius tribunus militum
10 pronuntiasset, consentiente clamore militum in unum vigilem conicientium culpam deterritus a ceteris abstinuit, reum haud dubium eius noxae
11 adprobantibus cunctis de saxo deiecit. inde intentiores utrimque custodiae esse, et apud Gallos, quia vulgatum erat inter Veios Romamque nuntios commeare, et apud Romanos ab nocturni periculi memoria.

## Aus Buch VII

### Der Zweikampf mit dem Gallier (Kap. 9–10)

**VII, 9** Eo certe anno Galli ad tertium lapidem Salaria via trans pontem Anienis castra habuere.

6 Dictator cum tumultus Gallici causa iustitium edixisset, omnes iuniores sacramento adegit ingentique exercitu ab urbe profectus in citeriore

---

6 ***sēdāre:** beruhigen · ***turbāre:** verwirren · **sedato … (Sb):** *Rahmensatz:* reliquum noctis quiētī datum est

7 **classicum:** Feldzeichen, Signalruf · **perperam:** *(adv.)* falsch · ***tribūnus mīlitum:** Offizier · **pretium:** Lohn · ***cōnsēnsus,** -ūs: Übereinstimmung

8 **sēlībra** (semi-libra): halbes Pfund · **far,** farris *n:* weizenähnliche Getreideart, Mehl · **quartārius** *m:* röm. Hohlmaß = 0,137 l · **dictu:** *supin. II* · ***argūmentum:** Beweis, Zeichen, (Inhalt) · ***cāritās:** Hochachtung, Liebe · ***vīctus:** Lebensunterhalt · **fraudāre:** betrügen, berauben (*vgl.* fraus) · ***dētrahere:** wegnehmen; **dētrāctum corporī:** das dem eigenen Körper Abgesparte

9 **vigil, -lis** *m:* Wächter (*vgl.* vigilia) · **quā** = quō · **citāre:** in heftige Bewegung versetzen, herholen · **mōre mīlitārī animadvertere in aliquem:** nach Kriegsrecht gegen jem. vorgehen · **cum:** *conzessiv* · ***prōnūntiāre:** ankündigen

10 **cōnsentīre:** übereinstimmen · ***dēterrēre:** abschrecken · **noxa:** Schaden, Strafe, Vergehen (*vgl.* nocēre) · **adprobāre:** zustimmen

11 **intentus:** aufmerksam · ***custōdia:** Wache (*vgl.* custōs) · **esse:** *inf. hist.* · **volgārī:** bekannt werden, sich verbreiten (*vgl.* vulgus) · ***commeāre:** hin- und hergehen, verkehren

**9** **lapis,** lapidis *m:* Meilenstein · **via Salāria:** *alte 'Salzstraße' am linken Tiberufer von Ostia über Rom in die Sabiner Berge* · **Aniō,** Aniēnis *m:* Aniō *(heute Aniene), linker Nebenfluß des Tibers aus den Marsischen Bergen, Wasserfälle bei Tibur (Tivoli), Mündung bei Antemnae (Teverone) ca. 5 km nördlich von Rom*

6 **dictātor:** *in Notzeiten von den Konsuln eingesetzter oberster Beamter und Feldherr (Amtszeit höchstens 6 Monate)* · **iūstitium ēdīcere:** Rechtsstillstand (Ausnahmezustand) verkünden · **iūnior:** *comp. zu* iuvenis · **sacrāmentō adigere:** vereidigen · **citerior:** diesseitig

ripa Anienis castra posuit. pons in medio erat neutris eum rumpenti- 7
bus, ne timoris indicium esset. proelia de occupando ponte crebra
erant, nec, qui potirentur, incertis viribus satis discerni poterat. tum 8
eximia corporis magnitudine in vacuum pontem Gallus processit et,
quantum maxima voce potuit, 'quem nunc', inquit, 'Roma virum fortis-
simum habet, procedat agedum ad pugnam, ut noster duorum eventus
ostendat, utra gens bello sit melior.'

Diu inter primores iuvenum Romanorum silentium fuit, cum et ab- **VII, 10**
nuere certamen vererentur et praecipuam sortem periculi petere nol-
lent; tum T. Manlius, L. filius, qui patrem a vexatione tribunicia vindi- 2
caverat, ex statione ad dictatorem pergit: 'iniussu tuo', inquit, 'impera-
tor, extra ordinem numquam pugnaverim, non si certam victoriam
videam; si tu permittis, volo ego illi beluae ostendere, quando adeo 3
ferox praesultat hostium signis, me ex ea familia ortum, quae Gallorum
agmen ex rupe Tarpeia deiecit.' tum dictator 'macte virtute', inquit, 'ac 4
pietate in patrem patriamque, T. Manli, esto. perge et nomen Ro-
manum invictum iuvantibus diis praesta.'
Armant inde iuvenem aequales: pedestre scutum capit, Hispano cingitur 5
gladio ad propiorem habili pugnam; armatum adornatumque adversus
Gallum stolide laetum et – quoniam id quoque memoria dignum anti-
quis visum est – linguam etiam ab inrisu exserentem producunt. reci-
piunt inde se ad stationem, et duo in medio armati spectaculi magis more 6
quam lege belli destituuntur, nequaquam visu ac specie aestimantibus
pares. corpus alteri magnitudine eximium, versicolori veste pictisque et 7
auro caelatis refulgens armis; media in altero militaris statura modica-
que in armis habilibus magis quam decoris species. non cantus, non 8

---

7 **neuter:** keiner von beiden · ***discernere:** entscheiden
8 ***eximius:** ausnehmend, außerordentlich · **agedum:** los! vorwärts! auf der Stelle

**10** **prīmōrēs:** die Vornehmsten · **abnuere:** ablehnen · ***praecipuus:** außerordentlich, besonders
2 **vexātiō tribūnīcia:** Bedrängnis durch den Volkstribunen · **vindicāre:** in Schutz nehmen, befreien · ***statiō** *f.:* Posten · **iniussū tuō:** 'ohne deinen ausdrücklichen Befehl' · **pūgnāverim** ≈ pūgnem · **nōn sī:** (auch)nicht, wenn
3 ***bēlua:** wildes Tier, Ungeheuer · **quandō:** *(caus.)* da · **praesultat sīgnīs** ≈ prae sīgnīs *salīre: springen; **saltāre:** hüpfen, tanzen · ***rūpēs,** -is: Klippe, Felsen; **rūpēs Tarpēia:** *südlicher Steilhang des Capitols*
4 **macte virtūte estō:** 'Sei gepriesen für deine Tapferkeit!'
5 ***armāre:** zum Kampf rüsten · ***aequālis:** Altersgenosse · ***scūtum *pedestre:** Schild des Soldaten zu Fuß (*vgl.* pēs) · **gladius Hispānus:** das Kurzschwert, *das die Römer angeblich von den Iberern übernommen haben* · **ad propiōrem habilis pūgnam:** handlich für den Nahkampf · **adōrnāre:** ausrüsten, schmücken · **stolidus:** dumm, albern · **antīquīs:** *sc.* auctōribus · **inrīsus,** -ūs: Hohn, Spott (*vgl.* rīdēre, *irrīdēre) · **exserere** (linguam): herausstrecken
6 ***spectāculum:** Schauspiel · **destituī:** Aufstellung nehmen · ***nēquāquam:** in keiner Weise · **vīsus,** -ūs: Anblick, Erscheinung, Gestalt · **aestimantibus** (*sc.* ceteris) *dat. des Standpunktes:* für die Betrachter, Zuschauer
7 **alterī:** *dat. poss.* · **versicolor:** bunt, farbig · **pictus:** *von* *pingere: malen · **caelāre:** ziselieren *(in Metall)* treiben, mit Bildwerk verzieren · **refulgēre:** zurückstrahlen, schimmern · **militāris statūra** = militis statūra · **habilis:** handlich · ***decōrus:** schön, verziert
8 ***cantus,** -ūs: Gesang

exultatio armorumque agitatio vana, sed pectus animorum iraeque taci-
tae plenum; omnem ferociam in discrimen ipsum certaminis distulerat.
9 Ubi constitere inter duas acies tot circa mortalium animis spe metuque
pendentibus, Gallus velut moles superne inminens proiecto laeva scuto
in advenientis arma hostis vanum caesim cum ingenti sonitu ensem
10 deiecit; Romanus mucrone subrecto, cum scuto scutum imum perculis-
set totoque corpore interior periculo vulneris factus insinuasset se inter
corpus armaque, uno alteroque subinde ictu ventrem atque inguina
11 hausit et in spatium ingens ruentem porrexit hostem. iacentis inde cor-
pus ab omni alia vexatione intactum uno torque spoliavit, quem re-
spersum cruore collo circumdedit suo.
12 Defixerat pavor cum admiratione Gallos; Romani alacres ab statione
obviam militi suo progressi gratulantes laudantesque ad dictatorem
13 perducunt. inter carminum prope modum incondita quaedam militari-
ter ioculantes Torquati cognomen auditum; celebratum deinde posteris
14 etiam familiae honori fuit. dictator coronam auream addidit donum
mirisque pro contione eam pugnam laudibus tulit.

---

8 **exultātiō:** übermütiges Springen · **agitātiō armōrum:** Aneinanderschlagen der Waffen · ***vānus:** wirkungslos, leer · ***tacitus:** schweigend · **ferōcia:** wilde Entschlossenheit, Ingrimm · ***discrīmen:** Entscheidung

9 **superne:** von oben her · **laevā** *sc.* manū: mit der Linken · **caesim:** *(adv.)* mit einem Hieb (*vgl.* caedere) · **sonitus,** -ūs: Schall, Getöse · **ēnsis,** -is *m:* Langschwert *(der Gallier)*

10 **mūcrō,** -onis *m: (kurzes)* Schwert, Dolch · **subrigere:** von unten nach oben richten · **imus** = *īnfimus, *superl. zu* īnferior; ***scūtum īmum:** der untere Rand des Schildes · **percellere:** stoßen, erschüttern · **tōtō corpore interior perīculō vulneris factus:** 'nachdem er mit dem ganzen Körper so nahe herangekommen war, daß er *(mit dem Langschwert)* nicht mehr verwundet werden konnte' · **sē īnsinuāre:** sich hineindrängen · **inter corpus armaque:** *sc.* Galli · **subinde:** in unmittelbarer Folge · ***ictus,** -ūs: Stoß · ***venter,** -tris *m:* Bauch, Leib · **inguina,** -um *n:* Leisten · ***haurīre:** schöpfen; aufreißen, verwunden · ***ruere:** stürzen, eilen · ***porrigere:** niederstrecken

11 **iacentis:** *sc.* Gallī · **vexātiō:** Verunstaltung (*vgl.* vexāre) · **intāctus** ≈ integer · **torquis,** -is *m:* Halsring · **respergere:** besprengen · **cruor** *m: (vergossenes)* Blut (*Nachbarbegriff zu* sanguis) · ***collum:** Hals · ***circumdare:** herumlegen

12 ***dēfīgere:** starr machen · ***pavor:** Angst, Aufregung · ***admirātiō:** *vgl.* admīrārī · ***alacer:** eifrig, munter · ***grātulārī:** beglückwünschen · ***perdūcere:** hingeleiten

13 **inter carminum...(Sb):** inter (*sc.* eōs) militāriter ioculantes quaedam incondita prope in modum carminum: 'während seine Begleiter nach Soldatenart scherzhaft Liedchen improvisierten' · **cōgnōmen audītum** *sc.* est: 'fiel der Beiname Torquātus' (*vgl.* torquis § 11) · **celebrātum deinde posterīs** *sc.* cōgnōmen: 'der darauf bei der Nachwelt verbreitete (gefeierte) Beiname' · **familiae** = Mānliānae gentī

14 ***corōna:** Kranz, Krone *(als militär. Auszeichnung)* · ***laudibus (ef)ferre:** rühmen

# Eine Quelle des Livius: Claudius Quadrigarius

*In der Darstellung des Zweikampfes zwischen Titus Manlius und dem Gallier gibt Livius einen Hinweis auf seine Quellen. Aus einer dieser Vorlagen, dem Geschichtswerk des Claudius Quadrigarius, ist uns eine Parallelstelle erhalten geblieben (Peter fr. 10 b):*

Cum interim Gallus quidam nudus praeter scutum et gladios duos torque atque armillis decoratus processit, qui et viribus et magnitudine et adulescentia simulque virtute ceteris antistabat. is maxime proelio commoto atque utrisque summo studio pugnantibus manu significare coepit utrisque, quiescerent. pugnae facta pausa est. extemplo silentio facto cum voce maxima conclamat, si quis secum depugnare vellet, uti prodiret. nemo audebat propter magnitudinem atque inmanitatem facies. deinde Gallus inridere coepit atque linguam exertare.
Id subito perdolitum est cuidam Tito Manlio, summo genere gnato, tantum flagitium civitati accidere, e tanto exercitu neminem prodire. is, ut dico, processit neque passus est virtutem Romanam ab Gallo turpiter spoliari. scuto pedestri et gladio Hispanico cinctus contra Gallum constitit. metu magno ea congressio in ipso ponti utroque exercitu inspectante facta est.
Ita, ut ante dixi, constiterunt: Gallus sua disciplina scuto proiecto cantabundus; Manlius animo magis quam arte confisus scuto scutum percussit atque statum Galli conturbavit. dum se Gallus iterum eodem pacto constituere studet, Manlius iterum scuto scutum percutit atque de loco hominem iterum deiecit; eo pacto ei sub Gallicum gladium successit atque Hispanico pectus hausit; deinde continuo umerum dextrum eodem concessu incidit neque recessit usquam, donec subvertit, ne Gallus impetum icti haberet. ubi eum evertit, caput praecidit, torquem detraxit eamque sanguinulentam sibi in collum inponit. quo ex facto ipse posterique eius Torquati sunt cognominati.

---

1 **cum interim:** (als) unterdessen · **torquis,** -is *m f:* Halsring · **armilla:** Armreif · **decorāre:** schmükken · **simulque:** und zugleich · **antistare** = antestāre ≈ praestāre · **proelium commovēre:** einen Kampf entfachen · **sīgnificāre:** Zeichen geben
5 · **(ut) quiēscerent:** 'sie sollten vom Kampf ablassen' · **pausa:** Unterbrechung · ***extemplō:** augenblicklich · **dēpūgnāre** ≈ ***dēcertāre:** bis zur Entscheidung kämpfen · ***prōdīre:** vortreten · **utī** = ut · **immānitās:** *vgl.* *immānis: schrecklich, wild · **faciēs:** *alter gen. zu* *faciēs, faciēī: Gesicht, Gestalt, Aussehen · ***inrīdēre:** auslachen, verspotten · **exertāre:** *intens. zu* exserere: herausstrecken · **id perdolitum est** + *dat.:* 'das hat einen tiefen Groll erregt' · **gnātō** = nātō
12 **spoliāre:** rauben, streitig machen · **congressiō:** Waffengang (*vgl.* *congredī: aneinandergeraten) · **pontī** = ponte, *alter abl. der i-Dekl.*

15 **suā disciplīnā:** 'wie er es gelernt hatte' · ***prōicere:** vorwerfen, vorhalten · **cantābundus** = cantāns; cantāre: *intens. zu* *canere: singen · **cōnfīsus:** *von* cōnfīdere · ***percutere:** durchbohren, erschüttern · **status,** -ūs: Stand, Stellung (*vgl.* sistere) · **statum Gallī conturbāre:** den Gallier aus seiner Stellung werfen · **eōdem pactō** ≈ eōdem modō · **sub gladium succēdere:** den Schwerthieb unterlaufen
20 **continuō:** *(adv.)* sofort · **umerus:** Schulter, Achsel · **concessus,** -ūs: Zusammenprall (*vgl.* concedere) · ***incīdere:** einschneiden, verwunden · ***recēdere:** zurückweichen · **donec:** solange (bis) · **subvertere:** umstürzen, zu Fall bringen · **impetus:** Angriffspunkt · **praecīdere:** abschlagen · **sanguinulentus** ≈ cruentus (*vgl.* sanguis/cruor) · **impōnere:** anlegen · **cōgnōmināre** = cōgnōmen dare

## Abkürzungen

abh. = abhängig
abl. = ablativus
abl. abs. = ablativus absolutus
abl. loc. = ablativus locativus
abl. mens. = ablativus mensurae
abl. sep. = ablativus separativus
acc. = accusativus
a.c.i. = accusativus cum infinitivo
adj. = Adjektiv
adv. = Adverb
attr. = Attribut

bes. = besonders

caus. = kausal(er)
comp. = Komparativ
conj. = Konjunktion

dat. = dativus
dat. auct. = dativus auctoris
dat. poss. = dativus possessoris
d. h. = das heißt
dir. = direkt(e/er)
dopp. = doppelt(er)
dt. = deutsch

f = feminimum
fin. = final(er)
folg. = folgend(e/er)
fut. = futurum
fut II = futurum II

gen. = genitivus
gen. expl. = genitivus explicativus
gen. obi. = genitivus obiectivus
gen. part. = genitivus partitivus
gen. pret. = genitivus pretii
Ggs. = Gegensatz

HS = Hauptsatz

imp. = Imperativ
ind. = Indikativ
indir. = indirekt(e/er)
inf. hist. = infinitivus historicus
Inf.-Konstr. = Infinitivkonstruktion
intens. = (verbum) intensivum
intr. = intransitiv
invers. = (cum) inversivum
iterat. = (verbum) iterativum

jem. = jemand(en)

m = masculinum
med. = medial

n = neutrum
nom. = nominativus
NS = Nebensatz
num. = Numerus

or. obl. = oratio obliqua

part. = participium
part. coni. = participium coniunctum
Part.-Konstr. = Partizipalkonstruktion
pass. = Passiv
pl. = Plural
praed. = prädikativ
praep. = Präposition

rel. = relativ(er)
röm. = römisch(e/er)

(Sb) = syntaktische Angabe, Konstruktionshilfe
sc. = (scilicet: wie man weiß) zu ergänzen ist
(sc.) = gemeint ist
sogen. = sogenannte(r)
subst. = Substantiv
supin. = Supin(um)
superl. = Superlativ

trans. = transitiv

vgl. = vergleiche